Barbara Veit, geb. 1947 in München, wuchs in Wiesbaden und Hamburg auf und kehrte nach dem Abitur nach München zurück, wo sie auch heute noch lebt. Sie studierte Zeitungs- und Politikwissenschaft, lebte ein Jahr in Indonesien, war Redakteurin bei der »Süddeutschen Zeitung« und arbeitet heute als freie Journalistin und Autorin. Sie veröffentlichte zahlreiche Bücher zum Thema Umwelt, dritte Welt, Rassismus – für Jugendliche und Erwachsene. Seit 1995 ist sie mit dem australischen Photographen Paul Mayall verheiratet.

Paul Mayall, Jahrgang 1950, wurde in Perth, Westaustralien, geboren, arbeitete als Goldschmied, fuhr Trucks, führte Touristen und wandte sich endlich der Photographie zu. Seit 1995 lebt er als Pendler zwischen Europa und Australien. Gemeinsam mit seiner Frau unternahm er in den letzten Jahren mehrmonatige Reisen durch Westaustralien.

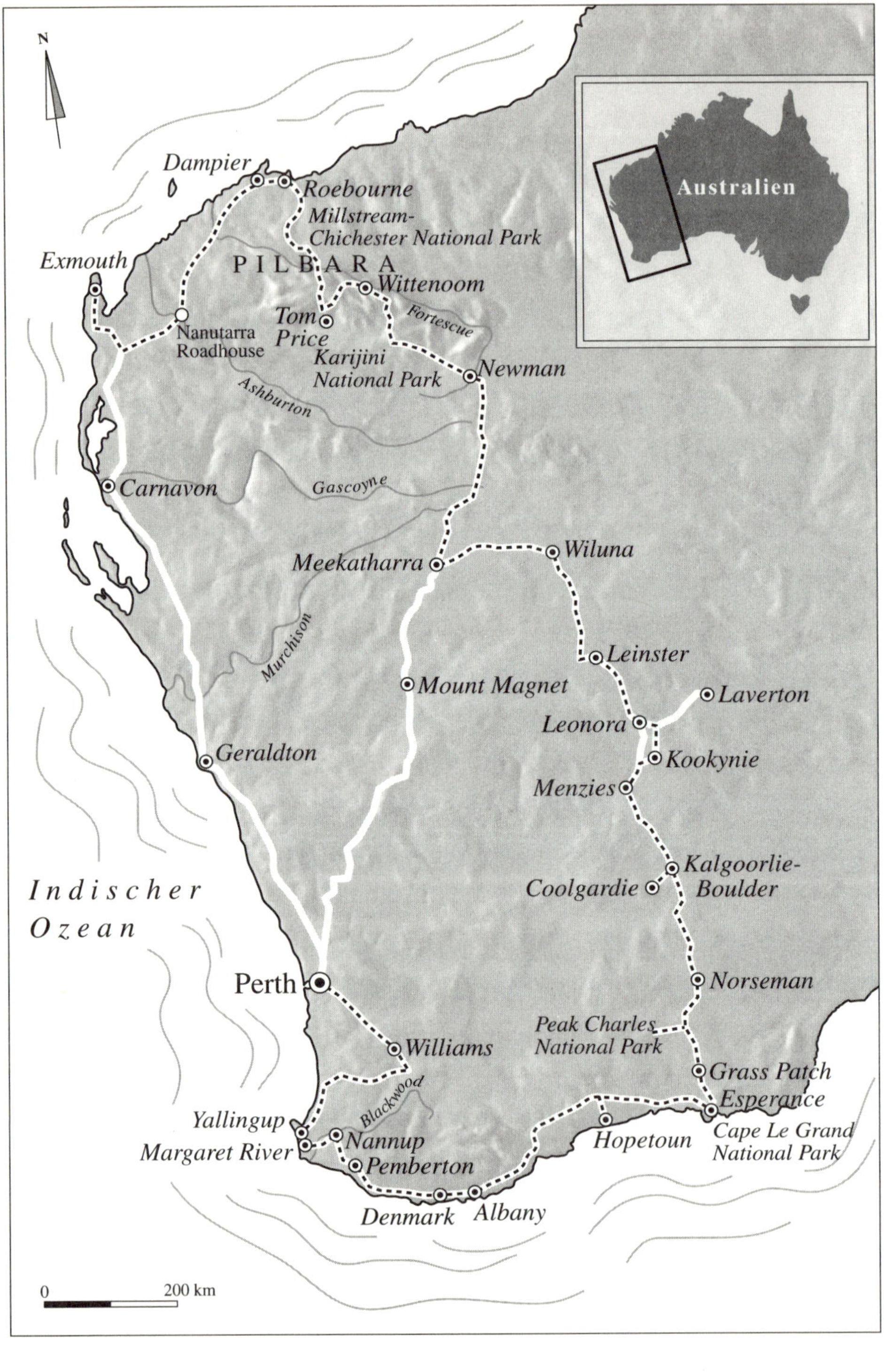
N
Australien
Dampier
Roebourne
Millstream-
Chichester National Park
Exmouth
PILBARA
Wittenoom
Tom
Price
Fortescue
Nanutarra
Roadhouse
Karijini
National Park
Newman
Ashburton
Carnavon
Gascoyne
Meekatharra
Wiluna
Murchison
Leinster
Mount Magnet
Laverton
Leonora
Kookynie
Geraldton
Menzies
Kalgoorlie-
Boulder
Coolgardie
Indischer
Ozean
Perth
Norseman
Peak Charles
National Park
Williams
Grass Patch
Blackwood
Esperance
Yallingup
Nannup
Hopetoun
Cape Le Grand
National Park
Margaret River
Pemberton
Denmark
Albany
0
200 km

Barbara Veit

Traumsucher

Walkabout in Westaustralien

Mit Fotos von Paul Mayall

FREDERKING & THALER

Die Deutsche Bibliothek – CIP-Einheitsaufnahme
Veit, Barbara:
Traumsucher : Walkabout in Westaustralien / Barbara Veit. Mit Fotos von Paul Mayall. – München : Frederking und Thaler, 1997
ISBN 3-89405-370-4

Fotos: Paul Mayall, München
Lektorat: Irene Rumler, München
Herstellung: Karlheinz Rau, München
Umschlaggestaltung: 2005 Werbung, München
Karte: Achim Norweg, München
Satz: SatzTeam Berger, Ellenberg
Reproduktion: Repro Stegmüller, München
Druck und Bindung: Druckerei Ernst Uhl, Radolfzell
Printed in Germany

ISBN 3-89405-370-4

Umwelthinweis:
Das Papier wurde aus chlorfrei gebleichtem Zellstoff hergestellt und enthält keine Aufheller. Die Einschweißfolie – zum Schutz vor Verschmutzung – ist aus umweltfreundlicher und recyclingfähiger PE-Folie.

Gewidmet allen Traumsuchern
und denjenigen, die uns ihre Träume erzählt haben.

Baum, Gras, Stern …
weil Stern und Baum mit dir arbeiten
pumpt dein Blut
aber es ist alles eins …
der Geist auf deinem Körper
er arbeitet mit dir

BILL NEDJE

»Ich verstehe einfach nicht, was Europäer in Australien suchen!« Diesen Satz habe ich in Westaustralien häufig gehört.

»Hier gibt es doch nichts – keine Kultur, keine großartigen Bauwerke – nur Busch und ein paar Skippies. Nicht mal das Bier ist so gut wie in Europa. Was wollen denn all die Leute hier?«

Ich habe versucht zu erklären, was die Europäer suchen. Es war nicht einfach, denn die meisten Australier hielten mich für ein bißchen verrückt.

»Es ist eine Art Traum«, sagte ich, »eben dieser Traum vom Nichts, von Weite, Raum. Wir treten uns gegenseitig auf die Füße in Europa, es ist eng dort, zerlebt, müde. Einerseits fühlen wir uns wohl wie in Großmutters alter Küche, andererseits ersticken wir fast. Wir suchen nach irgendwas, das wir selbst nicht genau benennen können. In Europa sind viele Leute ganz wild auf Bücher und Filme über Aborigines und die Natur in Australien. Es hat etwas damit zu tun, daß wir Europäer die Verbindung zur Natur immer mehr verlieren. Das ist schon seit Jahrhunderten so. Von Zeit zu Zeit gibt es dann Anfälle von Sehnsucht und Träume von einer Umkehr. Man braucht nur an Rousseaus edle Wilde und an sein ›Zurück zur Natur‹ zu denken.«

»Oh, I see«, ist die befremdete Antwort des Durchschnittsaustraliers auf solche Erklärungen, und er tritt einen Schritt zurück. Im besten Fall wendet er sich seinem Barbecue zu und sagt nichts mehr,

hat man Pech, sagt er: »Bei den Abos, da könnt ihr lange suchen. Geht nur, aber paßt auf, daß sie euch nicht die Köpfe einschlagen.«

Ich habe mich mit meinem Mann Paul auf eine Reise durch Westaustralien begeben, um Träume zu suchen – unsere eigenen und die der Menschen, die hier siedeln oder schon seit Urzeiten leben. Wir machten uns auf den Weg mit einem alten Ford Escort namens Betsy, einem Zelt, 60 Litern Wasser auf dem Dachträger und einem Handbuch *Überleben im Outback*. Wir fuhren im australischen Sommer – Freunde versuchten uns davon abzuhalten: »Das könnt ihr nicht machen. Nicht in einem Auto ohne Klimaanlage! Willst du sie umbringen, Paul?«

Wir deckten uns mit Sunblocker ein, großen Hüten und einem CB-Funkgerät, das fast das gesamte Armaturenbrett einnahm. (Wir haben es nur zweimal benutzt, um Truckies vor Rindern auf der Fahrbahn zu warnen.)

Nichts zu tun
Leute starren dich an
Ist mir egal, laß sie starren
Ich kann nichts tun
Kann nichts tun, nur trinken und raufen

AUTOR UNBEKANNT

Wiluna ist ein Ort im roten Nichts, durchtrennt von überdimensionalen roten Staubstraßen, breiter als Autobahnen, auf denen sich die Hunde der Aborigines wälzen. Sie heben erstaunt die Köpfe, wenn ein Auto vorüberfährt, schütteln sich und trollen sich in den Schatten des General Store. Wiluna, das sind ein paar flache Häuser im Outback, eine Tankstelle, eine Polizeistation und weit draußen die Minen. Ohne die Minen gäbe es Wiluna nicht. Die Straßen sind so breit, eben weil es viel Platz gibt, doch vor allem, weil im letzten Jahrhundert die Kamelzüge Raum brauchten, um zu lagern. An der großen Kreuzung ins Nirgendwo liegt das Wiluna Hotel. »Welcome to Paradise« steht auf einem großen Schild. Das Wiluna Hotel gleicht dem Rohbau eines viktorianischen Gebäudes – keine Schnörkel, keine Türmchen, nur der umlaufende Holzbalkon, die Fenster verschlossen, abweisend.

Wir stellen den Wagen ab, können den Eingang nicht finden. Das Hotel gleicht einer Festung. Die Temperaturen liegen bei etwa 40 Grad im Schatten, wir träumen von einem kalten Bier, suchen Einlaß ins Paradies. Doch wir entdecken nur ein nacktes, schwarzes Kind mit blonden Haaren, das mit einer Flasche spielt.

Neben dem Kind allerdings eine Schwingtür, wie die Schwingtüren in den Westernsaloons. Dahinter Stimmengewirr, Rufe, Lachen, Fluchen. Eine Kneipe, Bier! Ich will die Tür aufstoßen, doch Paul hält mich zurück.

»Warte!« sagt er und lauscht. »Das ist die Kneipe der Blackfellers.«

In diesem Augenblick fliegen die beiden Holztüren auf. Ein alter Mann taumelt über die Schwelle, steht aber gleich wieder aufrecht. Seine Augen sind gelb und blutunterlaufen, sein schwarzes Kinn mit weißen Bartstoppeln bedeckt. Er starrt uns an, lächelt plötzlich, ergreift unsere Hände, begrüßt uns wie alte Freunde. Paul fühlt sich deutlich unwohl.

»Wo kommt ihr her?« fragt der alte Mann.

»Aus Deutschland«.

»Deutschland? Ah, das ist weit weg, weit weg.« Er kratzt sich an der Schulter, beäugt uns genauer. »Aber du bist nicht aus Deutschland!« sagt er zu Paul.

»Nein, ich bin Australier.«

»So, Australier!« Der alte Aborigine lacht.

»Australier!« wiederholt er und schüttelt den Kopf. Dann richtet er seinen Zeigefinger auf Paul: »Du bist ein Whitefeller! Das bist du!«

Ich halte die Luft an. Einen Augenblick lang bleibt der Alte ernst, starrt nur, doch dann lacht er wieder. Paul ist einen Schritt zurückgewichen, mein Herz klopft.

»Was wollt ihr?« fragt der Alte.

»Wir hätten gern ein Bier«, antworte ich.

»Geht da lieber nicht rein!« sagt der Alte plötzlich sehr freundlich. »Das ist nur für Blackfellers. Ihr müßt ums Hotel herumgehen, durch das Gittertor und den Garten. Da ist die Europäerbar. Da gehört ihr hin!« Zögernd wenden wir uns um.

»Geht nur, geht!« Er wedelt mit beiden Armen. Hinter ihm kreischt eine Frau, eine Bierdose fliegt über die Schwingtür, rollt in den Straßenstaub.

Wir gehen. Hinter dem Hotel sehen wir das riesige Gittertor. Es steht offen. Ein paar Autos parken im Innenhof, zerrupfte Blumen wachsen in Kübeln, alte Kühlschränke rosten an der Hauswand vor sich hin.

Die Tür zur Europäerbar sieht eher aus wie der Dienstboteneingang, wird eingerahmt von Propangasflaschen. Eine große Glocke hängt an der Wand, daneben ein Schild: Eintritt in Unterhemd und schmutziger Kleidung verboten!

»Muß ja ein feiner Laden sein!« grinst Paul. Als wir ein wenig zaghaft in den dunklen, kühlen Raum treten, stößt er sich den Kopf an, flucht leise.

»Kommt davon, wenn man so groß ist!« lacht eine heisere Stimme. Ein kleiner Mann mit einer Stützbandage um den Hals schaut uns entgegen. Er sitzt mit fünf anderen Männern an einem langen Tresen. Die rechten Hände der fünf halten Bierdosen fest – alle tragen Unterhemden und sind verdreckt.

»Also doch kein feiner Laden«, sage ich.

Wir setzen uns ebenfalls auf die hohen Stühle an der Bar, bestellen Bier in Gläsern. Die junge Frau hinter dem Tresen lächelt, fragt nach dem Woher, dem Wohin. Aber sie hört gar nicht richtig zu. Ihre Aufmerksamkeit ist nach hinten gewandt, auf eine offene Tür. Erst jetzt bemerke ich, daß Europäerbar und Aborigine-Kneipe aneinandergrenzen. Laute, schrille Rufe dringen herüber. Die junge Frau stellt das schaumlose, eiskalte Bier vor uns hin und verschwindet. Und da drüben, ich kann es kaum glauben, ist der Tresen durch ein hohes Gitter vom Gastraum getrennt. Die junge Frau bedient hinter Gittern, die Aborigines trinken in einer Art Käfig, der nur zur Straße hin geöffnet ist.

Mein Gott, denkt mein aufgeklärtes Europäerhirn, wo sind wir da bloß hingeraten! Das ist Apartheid brutalster Art. Wir trinken sprachlos unser Bier, starren düster die fünf Männer an, die wiederum auf den Fernseher starren, auf dem irgendeine blödsinnige Spielshow zu sehen ist. Als die junge Barfrau wiederkommt, fasse ich mir ein Herz und frage sie nach dem Gitter im Nebenraum.
»Ach«, sagt sie, »denken Sie sich nichts dabei. Das Gitter dient nur meiner Sicherheit, denn die Leute da drüben werfen gern mit Bierdosen und was weiß ich, wenn sie trinken. Manchmal prügeln sie sich auch. Dann ist es für mich einfach besser, wenn ich ein Gitter dazwischen habe. Sonst würde ich nicht hier arbeiten.«

»Aber ist das nicht schlimm für die Aborigines, wie Tiere hinter Gittern zu sein?«

»Ach was«, sagt die junge Frau. »Sie wissen genau, warum wir das Gitter brauchen. Sie bekommen auch kein Bier in Flaschen, damit sie sich die Dinger nicht gegenseitig über den Schädel hauen.«

Ich schweige erschüttert.

»Denken Sie sich nichts«, lacht sie und schüttelt ihren Pferdeschwanz. »Ich mag die Blackfellers. Die sind ganz prima. Wenn sie zuviel getrunken haben, sage ich ihnen, sie sollen nach Hause gehen. Und dann gehen sie! Schlimm sind die weißen Minenarbeiter – die saufen und gehen nicht, wenn ich es ihnen sage.«

Schrille Schreie dringen aus dem Nebenraum. Die fünf Männer am Tresen rühren sich nicht, starren weiter auf den Fernseher. Die junge Frau wirft einen Blick durch die Tür und zuckt die Achseln.

»Da schlägt ein Mann seine Frau, weil sie ihm kein Geld für Bier geben will«, erklärt sie.

Jetzt höre ich die Frau schreien: »Ich brauche das Geld für die Kinder! Was soll ich den Kindern denn zu essen geben, wenn du alles versäufst?«

Die junge Barfrau beugt sich über den Tresen und spricht leise zu mir. »Die Abos machen hier keine Schwierigkeiten. Hier sind die Neuseeländer das Problem, die Minenarbeiter. Sie sind Rassisten und hassen die Aborigines. Außerdem saufen sie zuviel und fangen dann Raufereien an. Vor ein paar Wochen gab es hier eine schlimme Prügelei. Unser Wirt hat ein paar Neuseeländer rausgeworfen, weil sie Ärger machten. Sie haben gewartet, bis er nachts noch mal ums Hotel gegangen ist, und ihn dann zusammengeschlagen. Ich glaube, sie hätten ihn umgebracht, wenn nicht die Aborigines gekommen wären. Die haben dann die Neuseeländer verprügelt und den Wirt gerettet. So ist das nämlich!« Sie nickt heftig und rückt die bunten Frotteetücher zurecht, die auf allen australischen Bartresen liegen.

»Woher kommen Sie, stammen Sie aus Wiluna?« frage ich die junge Frau.

»Nein, ich komme aus Perth. Ich will hier nur soviel verdienen, bis ich mir ein neues Auto leisten kann. Mein Traum ist ein Toyota.«

In diesem Augenblick richtet sich einer der fünf Männer am Tresen auf, schwenkt kurz seine Bierdose und wirft sie knapp hinter der Barfrau an die Wand.

Sie zuckt kaum zusammen, holt eine neue Bierdose aus dem Kühlschrank und knallt sie auf den Tresen.

Vielleicht, denke ich, sollte man in der Europäerbar ebenfalls Gitter anbringen.

Vor drei Wochen habe ich einen anderen Käfig gesehen. Nicht aus Gittern, sondern aus Glas. Es war im Flughafen von Singapur, und ich war auf der Suche nach einer Ecke für Raucher – Umherirren über weiche Teppichböden, durch endlose Hallen, vorbei an künstlichen Wasserfällen, Orchideenbouquets, arabischen Prinzen, dicken chinesischen Geschäftsleuten mit Handys, Krawatten von Lagerfeld, französischen Parfüms, japanischen Kameras und Wachmännern, Wachmännern, Polizisten. Niemand, der Singapur kennt, würde es wagen, einfach eine Zigarette anzuzünden – alles, was nicht ausdrücklich erlaubt ist, ist verboten!

Schließlich fragte ich einen der Wachmänner, die mit unbewegtem Gesicht dastanden, an die Wand gelehnt, unberührt von den Menschenströmen, die an ihnen vorüberzogen.

»Wo darf man hier rauchen?«

Ganz langsam wandte er mir sein Gesicht zu, deutete dann nach links. Mein Blick folgte seinem ausgestreckten Arm, und da, am Ende der Halle, sah ich diesen Glaskasten. Er bot etwa dreißig, vierzig Leuten Raum, die man allerdings nur schemenhaft erkennen konnte. Rauchschwaden verdeckten ihre Umrisse. Ich umkreiste den Kasten zweimal, ehe ich mich entschloß, die Tür zu öffnen. Reizhusten schüttelte mich im selben Augenblick. Meine Augen begannen zu brennen. Außer mir waren nur Männer in diesem Terrarium für Raucher. Sie redeten nicht, sogen schweigend an ihren Zigaretten, sahen sich um, als würden sie verfolgt oder hätten eine Verabredung mit der Mafia. Keiner lächelte oder lachte. Keiner wagte es, die Absurdität der Situation aufzulösen. Keiner protestierte, keiner schlug die Scheiben ein. All die gutgekleideten Herren mit ihren eleganten Ledertaschen rauchten wie kleine Jungs, die etwas Verbotenes tun. Ich verlor die Lust auf eine Zigarette, verließ fluchtartig dieses Rauchergefängnis, fragte mich, wo ich da hingeraten war. Ein Mitreisender erzählte mir, auf dem Gelände des Flughafens von Singapur habe es vor vielen Jahren eine Art Konzentrationslager gegeben …

Australien war für mich von jeher mit der Vorstellung von etwas Außerirdischem verbunden. Als Kind legte ich meine Hände aneinander, um die Entfernung auf dem Globus zu erfassen. Für Europa benötigte ich nur halbe oder ganze Finger, für Amerika eine Hand, aber Australien schien mir kaum noch zur Erde zu gehören. Und wie alle Kinder hörte ich den Scherz, daß die Menschen dort mit den

Köpfen nach unten umherliefen. Aber das glaubte ich nicht, denn wenn die Erde sich drehte, überlegte ich mir, müßten auch wir hin und wieder auf dem Kopf stehen. Und wer könnte schon beurteilen, was überhaupt oben oder unten war? Nein, auf diesen Scherz fiel ich nie herein. Mich interessierten vielmehr die Känguruhs, die Schlangen und Spinnen, die Koalabären und die Krokodile. Ich stellte mir vor, daß der ganze Kontinent leer ist, daß nur Tiere und ganz wenige Menschen dort leben. In den ersten Dokumentarfilmen über Australien wurde meine Auffassung bestätigt: Wellensittichschwärme flogen über ein Meer von Wildblumen, Dingos schnüffelten hinter den Kaninchen her, Wolken rasten über einen hohen, weiten Himmel. Menschen gab es nirgends.

Später las ich einige Abenteuerbücher über Goldsucher im Outback und arme Farmersfamilien. Und in der Schule erfuhr ich schließlich, daß Australien ein halbwegs zivilisiertes Land war, zum British Empire gehörte und vor allem von Schaf- und Rinderzucht sowie von Bodenschätzen lebte und daß es noch ein paar Ureinwohner gab. Das enttäuschte mich – nicht die Ureinwohner, sondern das halbwegs Zivilisierte.

Danach verlor ich Australien aus den Augen. Es rückte erst wieder näher, als ich ein Jahr lang in Indonesien lebte, wurde jedoch nur in Gestalt einiger australischer Geschäftsleute (sie wirkten sehr britisch, schwitzten stark und tranken viel Bier) lebendig, die ich damals kennenlernte, und in einem Glas Mayonnaise, das ich in Surabaja kaufte. Es war australische Mayonnaise.

In den sechziger Jahren las ich einen Artikel über die puritanische Gesellschaft Australiens, in der die Männer Machos sind und die Frauen im Haus bleiben. Selbst in den Pubs werde streng nach Geschlechtern getrennt – und ohne Mann könne es eine Frau ohnehin nicht wagen, eine Kneipe zu betreten. Außerdem würden die

Ureinwohner schlecht behandelt, stürben an Mißhandlungen im Gefängnis oder vegetierten in Lagern vor sich hin.

Mein Kindheitstraum von einem leeren, wilden Kontinent schwand dahin. Ich beschloß, niemals nach Australien zu reisen, denn solche Aussichten erschienen mir wenig verlockend. Doch Träume sind vielleicht das Beständigste im Leben, und mein Traum holte mich immer wieder ein. Noch immer gab es im Fernsehen Dokumentarfilme über wunderbare australische Landschaften, in denen kaum ein Mensch zu sehen war. Ich lachte mit meinen Kindern über »Crocodile Dundee«, diesen witzigen Machohelden, der seinen intellektuellen New Yorker Nebenbuhler locker aus dem Feld schlägt und mitten in der Großstadt eine Art Buschleben beginnt. Ich las Bruce Chatwins *Traumpfade*, fühlte mich angezogen und zugleich angewidert von diesem harten Land, das noch immer drei Kinderhandbreit unten auf dem Globus lag.

Dann rückte der Traum in Gestalt einer Einladung des Goethe-Instituts in greifbare Nähe. Ich sollte bei einer Lehrerkonferenz in Perth Vorträge und Lesungen halten. Eigentlich wollte ich nicht fahren. Für drei Wochen – lächerlich! Gutes Zureden von Familie und Freunden bewog mich schließlich, die Einladung in letzter Minute doch anzunehmen.

Ich flog nach Perth, im Bewußtsein meiner Kinderhände auf dem Globus. Ich landete mitten in der Nacht, nahm ein Taxi, das von einem polnischen Auswanderer gesteuert wurde. Unaufgefordert erzählte er mir seine Lebensgeschichte – in holprigem Englisch –, während er das Taxi über breite Autobahnen lenkte. Er sprach von der Armut in Polen und erzählte, daß er sich hier ein Haus erarbeitet habe, zwei Autos mit Klimaanlage, einen kleinen Swimmingpool und jeden Tag Fleisch. Er war stolz darauf. »Alles ist besser in Australien«, sagte er und grinste breit. Sein Bauch berührte das Steuerrad. Doch dann wurde er plötzlich traurig, rieb sich die Nase und fügte hinzu, daß er Polen doch vermisse – manchmal –, die Menschen, die Familie, die Winter und die kleine Stadt.

Später saß ich in meinen Hotelzimmer im achten Stock. Die Klimaanlage brummte. Mein Fenster war umstellt von Hochhäusern, und die Bettdecke schien aus Plastik zu sein. Ich brühte mir eine Tasse englischen Tee auf und fragte mich, wo eigentlich Australien war.

Am nächsten Tag spazierte ich durch die Straßen der Stadt, entdeckte einen riesenhaften Baum, dessen pythongleiche Wurzeln den Gehsteig blockierten. Ich hielt eine Frau an und fragte sie: »Was für ein Baum ist das?«

Sie lächelte, streifte den gewaltigen Stamm mit einem kurzen Blick und sagte: »Eine Morton-Bay-Feige, glaube ich.«

Kurz darauf flog ein Schwarm bunter Papageien vor mir auf, wie bei uns ein Schwarm Spatzen. Ich hielt den nächsten Passanten an und fragte: »Wie heißen diese Papageien?«

»Das sind Twenty-Eights«, antwortete er und lächelte freundlich. »Sie kommen wohl aus Europa.«

Ich wanderte aus der Stadt, auf einen Hügel hinauf, gelangte in den King's Park, lief auf hartem Gras herum, das Känguruhgras heißt, begegnete Kakadus und einer zischenden, kleinen Echse, die Bobtail genannt wird. Ich hielt Zwiesprache mit flötenden Elstervögeln und zahmen Krähen mit klugen, weißgeränderten Augen. Es war, als würde ich Stück für Stück ein wenig von meinem Traum wiederfinden, dem Traum von einem weiten, leeren Land mit vielen fremdartigen Tieren.

Schwarze Spiegelungen gibt es nicht in den Spiegeln der Weißen. Wir leben in unserem Land. Wir sind umgeben von Leuten, die nicht zu uns gehören. Da sind überall Leute, die nicht aus unserem Land sind. Aborigines könnten ebensogut in einem fremden Land leben. Überall ist der Einfluß von Fremden, einem fremden Volk, und sie machen uns zu Fremden im eigenen Land.

Maureen Watson

Zwei Jahre später heiratete ich einen Australier, der ebenfalls auf der Suche nach seinen Träumen war. Aber das ist eine andere Geschichte. Drei Jahre später machten wir uns gemeinsam auf den Weg. Wieder flog ich von München über Singapur nach Perth.

Paul erwartet mich, hat alles vorbereitet – Auto, Zeltausrüstung, Wassertanks –, alles steht in der Garage von Freunden bereit. Ihr Häuschen in einem Vorort von Perth unterscheidet sich in nichts von den üblichen Einfamilienhäusern in Deutschland oder England oder sonstwo. Es ist mit einer Mauer umgeben. Im Garten wächst nicht ein Hälmchen Unkraut, und der Rasen sieht aus, als würde er jeden Morgen gekämmt. Von vorn gleicht das Haus einer Festung. Wir bekommen fünf verschiedene Schlüssel ausgehändigt, um hineinzugelangen. Es ist mit Gittertüren, Metallrollos und einer Alarmanlage gesichert. Die Bewohner der australischen Suburbs leiden unter einer panischen Angst vor Einbrechern. Mit großer Befriedigung erleben sie Tag für Tag die Bestätigung ihrer Ängste in den Fernsehnachrichten.

»Ist es nicht schrecklich«, pflegt unsere Freundin Jane mit einer Mischung aus Entsetzen und Begeisterung zu sagen, wenn wieder von einem Überfall, einem Mord, einem Einbruch berichtet wird. Solche Meldungen machen den Großteil der Nachrichten aus – der Rest der Welt kommt kaum vor.

Die schrecklichste Vorstellung für unsere Freunde ist, daß eine Aborigine-Familie in eines der Nachbarhäuser einziehen könnte.

»Sie können nicht mit uns zusammenleben«, erklärt mir Jane mit ernstem Gesicht. »Sie sind chaotisch, machen die Häuser kaputt, in denen sie leben. Sogar unser Haus würde an Wert verlieren, wenn sie unsere direkten Nachbarn wären.«

Sie nimmt einen Schluck Cola mit Rum, ein Getränk, das sie jeden Abend nach der Arbeit trinkt, um den Streß des Tages zu vergessen und die Heimfahrt im Stau. »Es ist ja auch nicht so, daß dann nur eine Aborigine-Familie hier wohnen würde. Sie haben eine unüberschaubare Verwandtschaft. Nach und nach würden die alle hier aufkreuzen und auf der Straße rumhängen, einige würden in der Nachbarschaft einbrechen, die Polizei wäre ständig in unserer Straße. Es wäre wirklich furchtbar!« Jane schwenkt traurig die Eisstücke in ihrem Cuba libre. Wir sitzen in dem einzigen Raum des Hauses, der eine Klimaanlage hat. Es ist ein Anbau, den wir als Partyraum bezeichnen würden: Bar, Kühlschrank, ein paar Sessel und Barhocker. Die Wand ziert eine Landschaftstapete: europäischer Buchenwald im Herbst. Wenn die Temperaturen ins Unerträgliche steigen, ziehen Jane und ihr Mann in den Partyraum um, schlagen sogar ihre Betten hier auf.

Jane verkauft Träume. Sie betreibt einen Secondhand-Buchladen, der vor allem mit billigen Liebesromanen bestückt ist. Kevin arbeitet als Busfahrer für ein Touristikunternehmen. Für 400 Dollar die Woche. Er fährt hauptsächlich Besucher aus Singapur, Taiwan und Indonesien in großen Bussen durch Westaustralien, dabei kann er Asiaten nicht besonders leiden. Er fürchtet, sie könnten Australien irgendwann besetzen oder aufkaufen. Andererseits geben die Asiaten mehr Trinkgeld als Deutsche oder Engländer. Kevin trinkt gern Bier, wenn er nach Hause kommt. Cuba libre verachtet er. Sonst arbeitet er im Garten und repariert alle Schäden im Haus.

Jane und Kevin träumen von einer Reise nach Europa. Sie haben schon 20 000 Dollar dafür gespart. Zweieinhalb Monate soll die Reise dauern. All die Orte der Vergangenheit wollen sie besuchen – England, die Heimat von Kevins Vater, und Belgien, Janes Herkunftsland. Es gibt noch ein paar entfernte Verwandte auf der anderen Seite der Welt. Später wollen sie sich einen Landrover mit Vierradantrieb kaufen. Dann, in etwa vier oder fünf Jahren, planen sie eine Reise ins Outback, durch die Wüste nach Alice Springs oder etwas Ähnliches.

»Kannst du dir Jane im Outback vorstellen«, fragt mich mein Mann Paul. »Die erste Spinne, eine kleine Echse oder gar Schlange, und Jane bekommt einen Anfall. Träume sind das, Träume! Jane fällt ja schon in Ohnmacht, wenn sie eine Kakerlake sieht!«

Die Polizisten spielen ihr eigenes Spiel. Sie fahren ganz nah ran, setzen sich hinter dich, zwingen dich zu bremsen, versuchen dich von der Straße abzudrängen … Die Polizisten wollen die Jagd, und wenn sie den Befehl bekommen aufzuhören, dann tun sie so, als hätten sie aufgehört, aber es stimmt nicht …

AUSSAGE EINES JUNGEN ABORIGINE VOR EINEM WESTAUSTRALISCHEN PARLAMENTSAUSSCHUSS 1992

Nachts unterwegs in Perth. Auf dem Heimweg von einem Bummel durch das Vergnügungsviertel Northbridge. Wir haben ein üppiges Barbecue hinter uns, mehrere Gläser Bier. Im Restaurant stand eine echte Lokomotive, und von der Decke hingen Autos. Das ist zur Zeit der letzte Schrei in der Gastronomie. Für 15 Dollar pro Nase kann man soviel essen, wie man will. Eine Weile lauschten wir den Straßensängern, die, begleitet von einem alten Kassettenrekorder, alte amerikanische Schlager schmetterten. Wir sahen keinen einzigen Aborigine, aber viele Italiener.

Die Innenstadt ist wie ausgestorben. Scheinwerfer beleuchten Hochhäuser, die Straßen sind sauber und aufgeräumt. Perth ist eine ordentliche Stadt, die sauberste in ganz Australien, wie die Einheimischen stolz betonen. »Sydney muß schrecklich schmutzig sein!« fügen sie dann hinzu, auch wenn sie noch nie in Sydney waren. »Und überhaupt ist es im Osten viel schlechter als im Westen!«

Kevin fährt besonders vorsichtig, obwohl wir kaum einem Fahrzeug begegnen.

»Das ist die gefährlichste Zeit, um mit dem Auto unterwegs zu sein«, erklärt er. »Abends nach elf bleibt man am besten zu Hause. Das ist die Zeit, in der sich die Kids mit der Polizei ihre Autorennen liefern. Wenn du Pech hast, dann bist du weg vom Fenster. Die bremsen nicht! Die fahren einfach über dich drüber!« Kevin nickt bekümmert und beobachtet sorgfältig alle Kreuzungen, die wir passieren.

»Auch die Polizei?« frage ich.

»Klar«, antwortet Kevin. »Die sind doch so versessen darauf, die Kids zu erwischen, daß ihnen andere Menschen ganz egal sind.«

Ein Polizeifahrzeug mit Blaulicht und Sirene kommt uns auf der Gegenfahrbahn entgegen. Kevin bremst.

»Die sind sicher hinter einem her!« sagt er triumphierend.

»Wer sind die Kids?« frage ich.

»Meistens sind es Abos oder Mischlinge«, antwortet Kevin langsam und vergewissert sich im Rückspiegel, daß der Streifenwagen auch wirklich verschwunden ist. »Es sind Kinder oder Halbwüchsige, die sich einen Spaß daraus machen, die Polizei zu ärgern. Sie klauen ein Auto und rasen los. Sie fahren so lange in der Stadt herum, bis die Polizei auf sie aufmerksam wird, und dann geht's los!«

»Es ist schrecklich«, mischt sich Jane ein. »Viele unschuldige

Menschen sind dabei schon ums Leben gekommen. Es hat ganz fürchterliche Unfälle gegeben. Aber niemand weiß, was man dagegen tun kann.«

»Ein Teil der Schuld liegt bei der Polizei«, sagt Paul plötzlich, der bisher geschwiegen hat. »Die Jungs von der Polizei scheinen nur darauf zu warten, auf die Jagd zu gehen. Wir nennen das High-speed Chases. Wenn die Polizei überhaupt nicht auf die Provokation der Kids reagieren würde, wäre bald Schluß damit. High-speed Chases ohne Polizei machen keinen Spaß.«

»Aber sie können den Kids doch nicht einfach erlauben, Autos zu klauen, und die Augen zumachen. Wie stellst du dir das vor, Paul?« Kevins Kinn ruckt nach vorn.

»Keine Ahnung. Aber so geht es jedenfalls auch nicht!«

Später am Abend lese ich im Bett über die High-speed Chases nach. Zufällig habe ich vor wenigen Tagen ein Buch gekauft, frisch aus der Druckerei. Sein Thema: Jugendliche Aborigines, Verbrechen und Justiz. Der Titel: *Rites of Passage* – Rituale der Übergangszeit. Während sich der große Ventilator träge unter der Decke dreht und doch wenig Erfrischung bringt, während Paul bereits schläft, lese ich unter dem Stichwort High-speed Chases:

»Die tiefe Abneigung dieser Generation jugendlicher Aborigines gegenüber der Polizei kam in den Interviews, die eine Sonderkommission zum Thema Jugend und Polizei durchführte, deutlich zum Ausdruck. Ältere Teenager legten eine latente Wut an den Tag und lehnten jedes offene Gespräch ab. Die jüngeren Teenager waren zugänglicher. Bei ihnen zeigte sich eine offenkundige Bereitschaft, mit der Polizei in Konflikt zu kommen. Das erschien wie eine Art ›Ritual des Übergangs zum Erwachsenenalter‹. Auf die Frage, warum sie ein so feindseliges Verhältnis zur Polizei hätten, nannten sie folgende Gründe:

- *Die Polizei schnüffelt ständig in unserer Umgebung herum, ob irgend etwas vorgefallen ist. Daß du keinen Ärger willst, scheint die nicht zu interessieren.*
- *Schläge, wenn man festgenommen wird; zu enge Handschellen an Hand- und Fußgelenken.*
- *Junge Polizisten sind ganz versessen auf High-speed Chases – wenn sie dich erwischen, schlagen sie mit ihrem Stock auf dich ein oder stoßen dich herum.*
- *Sie schlagen nicht zu, wenn ein älterer Polizist dabei ist – das tun sie nur, wenn sie unter sich sind.*
- *Auf den Polizeiwachen muß man sich manchmal bis auf die Unterhose ausziehen und wird verprügelt.*
- *Wenn du den Mund hältst, muß du damit rechnen, geschlagen zu werden, oder sie lassen einen Ziegelstein auf deine Zehen fallen, klemmen dir die Finger in Schubladen ein oder legen dir ein Telefonbuch auf die Brust und schlagen dann mit dem Stock darauf – auf diese Weise sieht man keine Striemen, und der rote Abdruck des Telefonbuchs verblaßt bald.*
- *Wenn du um drei Uhr morgens endlich entlassen wirst und nicht sofort nach Hause gehst, nehmen sie dich kurze Zeit später wieder fest, weil du nachts herumhängst.*

Danach befragt, welche Praktiken der Polizei am schlimmsten seien und die meisten Probleme verursachen, antworteten die Jugendlichen:

- *Gewalttätigkeit bei der Verhaftung oder beim Verhör*
- *Ständige Beleidigungen: Nigger,* boong, coon *etc.*
- *Beleidigung deiner Familie, in der Absicht, dich so in Rage zu bringen, daß du zurückschlagen möchtest.«*[1]

Ich lasse das Buch sinken, schaue zum Ventilator hinauf, dann auf die rosarote Rüschendecke auf dem Bett, die Teddybären auf dem Regal. Draußen, irgendwo in der heißen Nacht, höre ich eine Polizeisirene. Ich fürchte um meinen australischen Traum, finde keinen Schlaf. Will nur noch weg, raus aus der Stadt.

On the way to a Bran Nue Day
Everybody everybody say
On the way to a Bran Nue Day
Everybody everybody say

REFRAIN AUS DEM ABORIGINE-MUSICAL »BRAN NUE DAY«

Raus aus Perth! Wir fahren auf dem Great Southern Highway nach Süden ... *On the way to a Bran Nue Day*. Bis Weihnachten sind es nur noch zehn Tage. Es hat geregnet. Von draußen dringt frischer Eukalyptusduft in den Wagen. An den Straßenrändern blühen zarte weiße Blumen, dazwischen glitzern Hunderte von Spinnennetzen. Als wir aussteigen, um sie uns genauer anzusehen, entdecken wir dicke Spinnen, die in allen Farben schillern. Sie sehen aus wie kostbare Broschen, dicker Leib und kurze Beinchen. Während wir zwischen ihren glitzernden Gespinsten umherwandern, lassen sie sich auf unseren Stiefeln und Hosen nieder. Es dauert lange, ehe wir sie behutsam auf Halme und Blätter zurückgesetzt haben.

Wir fahren durch lichte Eukalyptuswälder, an ausgebleichten Weiden entlang, auf denen schwarzweiße Rinder stehen – wie in Schleswig-Holstein. Nach etwa 150 Kilometern Fahrt erreichen wir Williams, ein winziges Landstädtchen im Südwesten. Es ist nichts

Bemerkenswertes an Williams, und das ist eben das Typische. Williams ist der Prototyp: ein Hotel mit Pub und Restaurant, ein kleines Lebensmittelgeschäft, ein Laden mit Zeitschriften und allerlei Krimskrams, ein paar Wohnhäuser, eine kleine anglikanische Kirche und viele Farmen im Umland.

Unser Freund Ray wohnt auf dem Gelände einer großen Farm, deren Zäune die Stadtgrenze berühren. Wir fahren durch ein Tor, folgen einer Staubstraße. Links und rechts ausgedörrte Weiden, ein paar versprengte Schafe. Nach zwei, drei Kilometern erhebt sich ein Hügel, umgeben von riesigen Eukalyptusbäumen. Oben liegen die Farmgebäude. Am Fuß des Hügels, im Schatten der Bäume, ein winziges Häuschen, eingerahmt von seltsam hingestreuten Felsen: The Cottage. Hier wohnt Ray mit seinem Hund Butch.

Wir hupen, aber niemand rührt sich. Nur der große schwarze Hund liegt unter dem Campingtisch vor dem Haus. »Meinst du, daß Butch uns wiedererkennt?« frage ich Paul.

»Das kommt auf einen Versuch an«, antwortet er. »Ich habe Butch das letzte Mal vor einem Jahr gesehen, du auch. Früher hat er die Leute fast aufgefressen, die er nicht ins Haus lassen wollte. Also, wer geht als erster?«

»Du«, antworte ich, »schließlich kennst du Butch länger. Ich habe ihn nur einmal erlebt und mit ihm gespielt.«

»Aber er ist schon ziemlich alt«, gibt Paul zu bedenken. »Vielleicht leiden Hunde auch unter Gedächtnisschwund. Du kennst dich viel besser mit Hunden aus, schließlich hast du selbst einen.«

»Also gut«, antworte ich und öffne vorsichtig die Wagentür. Butch beobachtet mich. Ich steige langsam aus, spreche ruhig mit dem Hund. Seine blutunterlaufenen Augen folgen jeder meiner Bewegungen. Ray hat einmal gesagt, Butchs Augen trügen die rote Erde Australiens in sich.

»Hey, Butchie!« sage ich. »Kennst du mich noch, alter Junge?«

Aus Butchs Kehle kommt ein grollendes Geräusch, mein Herz macht einen kleinen Satz. Doch dann beginnt sein Schwanz den Boden zu peitschen. Ich greife nach einem Tennisball, der auf dem Weg liegt, und rufe: »Wo ist die Katze, Butch?«

Butch rast hinter dem Ball her. Er hat mich wiedererkannt – oder jedenfalls das Codewort: Wo ist die Katze?

Ray ist nicht zu Hause. Er hat einen Zettel an die Tür geheftet: Kommt rein, macht es euch bequem. Bier ist im Kühlschrank!

Die Tür ist offen. Paul geht voraus, weist mir den Weg in die Küche. Wir haben einen Karton mit Bier mitgebracht, aber der Kühlschrank ist voll mit Bierdosen, dazu eine Schüssel grüne Bohnen, ein Topf Margarine und ein halber Laib Toastbrot. Neben dem Kühlschrank steht ein Spielautomat, in der Mitte der Küche ein Tisch, der mit Tellern, Büchern, Stiften, zwei vollen Aschenbechern, einem Lederhut und mehreren Baseballmützen bedeckt ist.

Wir setzen uns mit zwei Dosen Bier vor das Häuschen, warten in der Nachmittagshitze auf unseren Freund. Der Hund liegt hechelnd zu unseren Füßen, Fliegen umsummen uns. Träge schlagen wir nach ihnen, spucken hin und wieder aus, wenn sie sich an den Lippen festsetzen. Das Cottage erscheint mir wie die Häuschen der Hexen und weisen Frauen im Märchen. Es ist aus Natursteinen, hat einen dicken Kamin und kleine Fenster. Im Verhältnis zu den mächtigen Eukalyptusbäumen wirkt es winzig. Irgendwie stimmen die Proportionen nicht, es erinnert tatsächlich an Märchenillustrationen in alten Büchern. Die Baumstämme und Äste sind weiß, strecken sich mit einer Kraft in den Himmel, die fast unerhört erscheint, so als beanspruchten sie ganz bewußt ihren Raum in dieser weiten Landschaft mit dem hohen Himmel. Ebenso unerhört laut kreischen die Papageien in den Kronen der Bäume.

Wir sitzen schweigend da, lauschen dem Summen der Fliegen und den Papageien. Die Zeit steht still in der Hitze des Nachmittags. Irgendwann nähert sich das Brummen eines Motors. Butch spitzt die Ohren und erhebt sich gähnend. Der Landcruiser biegt zum Cottage ein, eine Staubwolke zurücklassend. Butch rennt los, läuft bellend neben dem Wagen her. Ray ist zurückgekommen.

»*Hi, friends*«, sagt er, schlägt Paul auf die Schultern, umarmt mich scheu, holt sich ein Bier, lehnt an der Hauswand.

Er spricht langsam über die Schönheit des Landes, darüber, daß er endlich wieder der Stadt entronnen ist, in die er nur seiner Frau zuliebe gezogen war. Sie hat ihn inzwischen verlassen. Ray spricht vom Northern Territory, seiner ehemaligen Heimat.

»Dies hier ist nicht das Territory, aber es ist besser als die Stadt«, sagt er. »Vielleicht gehe ich irgendwann zurück nach Norden. Aber Butch ist alt. Er verträgt die Hitze nicht mehr so gut. Hier ist es heiß, aber dort ist die Hölle. Ich habe meine Möbel einfach so reingestellt ins Cottage, weil ich weiß, daß ich nicht hierbleiben werde. Ihr könnt in meinem Schlafzimmer schlafen. Ich ziehe mit Butch auf die Couch im Wohnzimmer um. Bleibt, so lange ihr wollt. Es ist euer Cottage.«

In der kurzen Dämmerung des australischen Sommers wird das Cottage von Landrovern eingekreist. Der Farmer und seine Frau, ein Schafscherer, ein Landarbeiter, der Busfahrer, der chinesische Touristen zum Farmhaus gebracht hat – immer mehr Leute tauchen von irgendwoher auf. Sie bringen Bier und Kartoffelchips mit, einen

Drei-Liter-Karton Weißwein, klappen Campingstühle auf und reden vor allem über sich selbst. Die junge Farmersfrau klagt mir ihr Leid über den ewigen Streit mit den Schwiegereltern und sagt, lang halte sie das nicht mehr aus. Sie träumt davon, endlich allein Herrin auf der Farm zu sein. Der Farmer – er gleicht einem englischen Landedelmann, und tatsächlich ist er Engländer, lebt erst seit zehn Jahren hier – spricht von seinem verlorenen Traum.

»Ich arbeite mich fast zu Tode«, sagt er und starrt auf seine Bierdose. »Aber für mich bleibt nichts übrig. Das meiste Geld geht an meine Geschwister, die in der Stadt sitzen und nichts tun. Ich mache das nicht mehr lange mit!«

Der Schafscherer, ein junger Mann mit langen Haaren, dessen kräftige Hände die Bierdose so umfassen, als wäre sie ein ungebärdiges Schaf, das er auf den Rücken werfen muß, berichtet von seinen Plänen, eine Art Landgasthof für Touristen zu eröffnen. Er betreibt eine Schweinezucht ein paar Kilometer außerhalb von Williams. Die Scheune habe er umgebaut, mit Tischen und Bänken für die Touristen. Es gebe eine offene Feuerstelle, auf der er Billietee zubereiten und Buschbrot backen könne. Sein Vater male Landschaftsbilder, um sie an die Touristen zu verkaufen, und in den Wasserstellen für die Schafe lebten Jabbies, kleine Krebse, die köstlich schmeckten. Er lädt uns ein, bittet Paul, Fotos zu machen – für einen Prospekt.

Ray verteilt Bierdosen und schaut in die Nacht hinaus. »Wo ist die Katze, Butch?« sagt er leise. Butch rast bellend los.

Später, als wir in Rays breitem Bett liegen, lauschen wir dem Knistern unsichtbarer Lebewesen rund um das Cottage. Je stiller es wird, desto deutlicher scheinen sich die Geräusche der Nacht auszubreiten, dringen von draußen herein, sind über, neben, hinter und unter uns. Ich denke an die unzähligen Spinnen und Schlangen, die es in Australien gibt. Paul meint, ich solle ruhig schlafen, die Geräusche seien ganz normal mitten in der Natur. Die meisten Spinnen seien ohnehin harmlos.

»Kennst du die Huntsmen?« fragt er.

»Die was?«

»Huntsmen! Das sind riesige Spinnen, so groß wie meine Hand. Sie sind haarig und sehen fürchterlich aus, sind aber ganz harmlos. Einmal habe ich in einem Strandhaus übernachtet. Gerade als ich das Licht ausmachen wollte, schaute ich zufällig auf die Deckenbalken über meinem Bett. Und da sah ich dieses Ding: Es war riesig und total haarig und saß genau über mir. Es hatte seine langen Beine um den Balken geschlungen. Ich konnte sogar seine Augen sehen.«

»Und dann?« frage ich. Gänsehaut kriecht über meinen Körper. Ich habe die deutliche Vorstellung, daß an der Decke über uns ein Huntsman hockt und uns beobachtet.

»Na«, lacht Paul. »Ich bin blitzschnell aus dem Bett gesprungen und habe am Strand geschlafen. Es war wunderschön.«

In dem Augenblick fällt etwas von der Decke und landet mit einem sanften Pumps auf unserem Bett. Wir fahren auf, sitzen senkrecht im Bett. Es ist stockdunkel.

»Nicht bewegen«, flüstert Paul. »Solange wir nicht wissen, was es ist – nicht bewegen!«

Er tastet mit einer Hand nach der Lampe. Wir halten beide den Atem an. Endlich findet er den Schalter. Wir starren auf die Bettdecke, doch da ist nichts. Langsam erwachen wir aus unserer Erstarrung, suchen unter der Decke, unter den Kopfkissen, hinter dem Bett, unter dem Bett ... nichts. Was immer von der Decke gefallen war, es ist verschwunden.

»Das war keine Spinne«, sage ich zu Paul, »dazu war es viel zu schwer. Es hat richtig geplumpst!«

»Du hast noch nie einen Huntsman gesehen«, erwidert er unbeirrt und sucht noch immer im Schlafzimmer herum.

»Ich glaube, daß es eine Maus war! Ich erinnere mich an Nächte mit Mäusen in Berghütten in den Dolomiten. Sie sind von der Decke gesprungen und über unsere Gesichter gelaufen.«

»Aber wir sind nicht in den Dolomiten«, sagt Paul, »wir sind in Westaustralien. Wenn hier was von der Decke fällt, dann muß man es sehr ernst nehmen.«

Nebenan fragt Ray verschlafen, ob wir Schwierigkeiten hätten.

»Irgendwas ist in unser Bett gesprungen!« ruft Paul durch die Tür.

»Ach, das war sicher nur eine Maus!« entgegnet Ray. »Ihr könnt beruhigt weiterschlafen.«

Am nächsten Morgen ziehen Regenwolken übers Land. Ray ist bereits fort. Er fährt den Schulbus für die Kinder von Williams. Nachmittags hilft er auf der Farm. Ray hat mehrere Jobs, wie viele Australier, ist unzählige Male umgezogen – unterwegs ein Leben lang. Es ist, als hätte das Nomadentum der Aborigines auch von den weißen Einwanderern Besitz ergriffen. Selbst die sorgsam gepflegten Häuschen in den Vororten können ihre Bewohner nicht halten.

Sie leben ein paar Jahre dort, dann verkaufen sie, kaufen neu, doch selten, um zu bleiben. Sogar alte Leute ziehen um oder vertauschen gar ihr Häuschen mit einem Wohnmobil, um im Land herumzureisen, mal hier, mal da ein paar Wochen zu bleiben.

Wenn ich meinen australischen Freunden erzähle, daß ich seit zwanzig Jahren in meiner Wohnung lebe, halten sie mich für sonderbar. Für sie ist es geradezu unvorstellbar. Wenn ich von gewachsenen Beziehungen spreche, von der Notwendigkeit einer Heimat für die Kinder, zucken sie die Achseln. Sie können nichts damit anfangen – in ihrem Leben kommen und gehen die Menschen, die Freundschaften. Nichts ist von Dauer in einem weiten Land. Vielleicht trifft man sich irgendwann wieder, vielleicht auch nicht. Da ist eine Wurzellosigkeit, als könnten sie sich nicht wirklich niederlassen in der unendlichen Weite dieses Kontinents. Es ist, als wären sie auf der Suche nach etwas, das sie noch immer nicht gefunden haben, als steckte eine Erinnerung in ihren Seelen, die Erinnerung daran, daß viele ihrer Vorfahren nicht freiwillig nach Australien gekommen sind. Es ist, als verfolgte der Geist der Strafgefangenen noch immer einen Teil der Gesellschaft, als hätte sich ein alter Groll erhalten, ein Groll auf die ungerechte Behandlung, die Torturen, die Demütigungen, den Verlust der Heimat. Aber fort wollen sie auch nicht, denn Australien ist in ihren Augen der allerbeste Platz auf dieser Welt. Das werde ihnen auch immer wieder von Reisenden bestätigt, verkünden sie stolz bei jeder Gelegenheit, als bedürfte es dieser Verstärkung von außen, damit sie selbst daran glauben.

Obwohl die meisten weißen Australier anglokeltischer Abstammung sind, mögen sie die Engländer nicht. Der junge Farmer zum Beispiel ist erst vor zehn Jahren aus England hierher gekommen. Er konnte bis heute nicht richtig Fuß fassen. Die Einheimischen lassen ihn spüren, daß er ein »Pommie« ist, einer aus Großbritannien, das immer wichtiger und mächtiger war als Australien.

Australier machen sich lustig über das britische Englisch – sie haben ihren eigenen Slang entwickelt, irgendwo zwischen Cockney, Irisch und Schottisch. Die Gründe dafür liegen auf der Hand, denn aus Iren, Schotten und Unterklasse setzten sich die Strafgefangenen zusammen, die vor rund 200 Jahren in die australische Verbannung geschickt wurden. Jahrzehntelang wurden sie geknechtet, gefoltert und ausgebeutet. Erstaunlich viele Australier wissen nichts über ihre Herkunft, forschen aber auch nicht nach, als fürchteten sie sich vor dem, was dabei herauskommen könnte. Statt dessen behaupten sie lächelnd, sie seien stolz darauf, von den *convicts* abzustammen, und damit basta. Außerdem könnten ihre Großeltern ebensogut freie Siedler gewesen sein ... *take it easy!*

Doch einige wenige haben sich mehr Gedanken über diese fröhliche Form der Verdrängung gemacht, so der Schriftsteller Peter Carey:

»Jene Jubiläums-Windjammer mit den weißen Segeln, die da majestätisch in den Hafen von Sydney einliefen, zogen mit der Unschuld von Hobbyseglern über unsere Fernsehschirme. Die Geister unserer ›Mütter‹ und ›Väter‹ lagen verborgen in den Bäuchen jener Schiffe, aber jetzt, 200 Jahre später, waren wir eher geneigt, uns mit den kostümierten Wachmannschaften auf Deck zu identifizieren.

Wir wollten einfach nicht in die Schiffsrümpfe blicken. Fürchteten wir uns – wie die Überlebenden von Krieg und Folter – vor Schmerz und seelischer Aufgewühltheit, die ein Blick zurück mit sich bringen kann?«[2]

Vielleicht rührt daher diese eigenartige Wurzellosigkeit, die ich überall auf dieser Reise antreffe. Nur heute und morgen sind wichtig. Das Gestern ist vorbei, darüber braucht man nicht mehr nachzudenken, denn es spielt keine Rolle mehr, ist nicht zu ändern, ist verweht, wie der rote Staub am Horizont. Ist diese rauhbeinig-fröhliche Verdrängung das Gegenstück zur deutsch-wehleidigen »Unfähigkeit zu trauern«?

Seltsam, diese Geschichtslosigkeit auf dem ältesten Kontinent der Erde, dessen Berge abgeschliffen sind von der Zeit, dessen Ureinwohner auf über 50 000 Jahre Kultur zurückblicken konnten, ehe sie entdeckt und sogleich für »nichtexistent« erklärt wurden. Australien sei eine »terra nullius« (ein Land, das niemandem gehört), verkündeten die britischen Kolonialherren. Ironischerweise »gehörte« es tatsächlich niemandem, denn Besitzdenken im europäisch-materialistischen Sinn kannten die Ureinwohner nicht. Daß es trotz allem ihr Land war, wurde erst im Jahr 1992 vom Obersten Gerichtshof Australiens offiziell anerkannt. Seitdem sind die Gerichte damit beschäftigt, über Landrechte zu entscheiden. Die Ureinwohner sind fest entschlossen, sich soviel wie möglich zurückzuholen. Die Ängste der weißen Bevölkerung wachsen seither – und der Haß. Werden sie, die Eindringlinge, ihre Farm, ihr Homestead behalten dürfen, dieses unwirtliche Fleckchen Heimat in der Unendlichkeit?

Wir gehen über die Weiden hinter dem Cottage. Verrostete Laster und Autokarosserien aus vielen Jahrzehnten liegen hinter den Farmgebäuden. Ihr Blech ist rotbraun und rauh, als hätte es sich der Erde angepaßt. Die Weiden sind gelblichgrau, dürre flache Halme, auf den Boden gepreßt, wie von einer Walze überfahren, die Erde steinhart. Graugelbe Schafe flüchten die Hügel hinauf, verstecken sich hinter großen Felsblöcken und toten Bäumen, deren Stämme weißgrau leuchten.

»Das einzige, was hier wächst, ist Schafscheiße«, sagt Paul und wischt sich den Schweiß von der Stirn.

Natürlich sind wir zu spät aufgestanden – es ist fast Mittag, und die Regenwolken sind längst weitergezogen. Die Sonne sticht, blendet. Sie scheint hier näher zu sein als in Europa, ist penetranter, aufdringlich, als säße man vor einer Infrarotlampe.

Auf einem Hügel stehen zwei gewaltige Baumskelette, dreißig, vierzig Meter hoch, verwitterte Elchgeweihe, Knochenbäume, Mahnmale. Wir nähern uns langsam, zucken zusammen, als mit knatterndem Flügelschlag ein Keilschwanzadler davonstiebt. Die Riesenbäume haben ihre kleinen Äste abgeworfen, wie Skelette die kleinen Knochen, so als wollten sie ihre eigentliche Gestalt zeigen. Niemand macht sich hier die Mühe, abgebrochene Äste einzusammeln oder umgestürzte Bäume zu zersägen. Man hat genug Platz, ist nicht auf 50 oder 100 Quadratmeter angewiesen.

Wir laufen auf ein schütteres Wäldchen zu, erreichen Schatten. Dürres Laub raschelt unter unseren Füßen. »Paß auf«, sagt Paul. »Tritt fest auf. Da könnte es Schlangen geben.«

Ich trete fest auf, stapfe umsichtig durchs Unterholz. Drei Känguruhs hüpfen in weiten Sätzen davon. Vexierbilder zwischen den Eukalyptusstämmen, halbe, viertel, verschwundene Känguruhs. Waren sie wirklich da? Träume ich dieses Australien?

Wieder offenes Land, wieder tote Bäume, sonderbare Holzhäuschen darunter, wie Indianerzelte.

»Das war mal eine Schweinezucht«, sagt Paul. »Hat Ray mir erzählt. Die Viecher haben so viel geschissen, daß die Bäume eingegangen sind. Irgendwann hat der Farmer die Schweinezucht dann aufgegeben – ich weiß nicht, warum.«

Neben den verlassenen Schweinehäuschen liegen und stehen alte Kühlschränke, kaputte Autos, Kanister. Doch auf der nächsten Anhöhe Felsformationen, die an Kultstätten erinnern. Ein Kaninchen flüchtet. Vor einem Fuchsbau liegen Knochen. Die Felsen sind rund, in der Mitte gespalten wie von Künstlerhand. Der Himmel darüber unwirklich blau und hoch. Das war einst das Land der Nyoongar. Nur wenige haben die Kolonialisierung Westaustraliens überlebt. Aber es gibt sie noch, und sie träumen von Wiederkehr, träumen ihre Ahnen herbei, träumen die Zukunft der Jungen. Sie haben einen Alten, der Weisheiten verkündet, Bill Nedje. Und sie haben einen jungen Dichter, der die traurigen Lieder der schwarzen Australier von heute singt, Archie Weller:

Zeit zu schlafen

Der alte Aborigine liegt unter seinem Baum, der ihm auch nicht helfen kann, denn er ist alt und trägt nur ein paar Blätter. Der Baum und der Mann werden naß; aber keiner der beiden kümmert sich darum.

So kalt. In Strömen rinnt der Regen über Gesicht und Körper des Alten. Er wäscht das Erbrochene fort, mit sanften Händen. Nur hin und wieder unterbricht rauher Husten das Plätschern des Regens.

In den frühen Morgenstunden findet ein umherstreifendes Polizeiauto, das wie ein Gärtner nach verstreutem Unkraut sucht, um es mitsamt den Wurzeln in den Abfall zu werfen, den Alten.

Der Regen hat ihn fortgetragen von seinem nutzlosen, aufgebrauchten Leben. Vielleicht trug er ihn zur Traumzeit, die er verstand.[3]

Zwischen Williams und Narrogin gibt es einen inoffiziellen Nationalpark, eine Schutzzone im Weizengürtel Westaustraliens, die Dryandra Woodlands, eine sanfte Mittelgebirgslandschaft von großer Schönheit. Die Naturschutzbehörde (CALM) hat hier eine Überlebensinsel für Tiere und Pflanzen geschaffen, eine herzzerreißende Insel, wenn man die Vergangenheit bedenkt. Von Perth bis Albany und weit ins Landesinnere war Westaustralien noch vor 150 Jahren mit dichtem Urwald bedeckt. Undurchdringlich, jedenfalls für Europäer, denn als ein mutiger Entdecker Mitte des 19. Jahrhunderts eine Expedition zu Pferd unternahm, um den Landweg nach Albany zu erkunden, ging er im Eukalyptusdickicht verloren und wäre mit seinen Kameraden umgekommen, wenn nicht hilfreiche Ureinwohner ihn gefunden, mit Nahrung versorgt und aus dem grausamen Wald herausgeführt hätten. Die Pferde haben es nicht überlebt.

Wir wandern durch die Urwaldinsel der Dryandra Woodlands – gezähmter Urwald, denn alle Pfade sind sorgfältig ausgeschildert, mit naturkundlichen Informationstafeln versehen. Man kann sogar sein Autoradio einstöpseln und sich anhören, was es Wunderbares zu sehen gibt. Wir wählen den Ochre Trail, denn irgendwo an diesem Rundwanderweg liegt eine alte Ockerschürfstelle der Nyoongar.

Wandern bei 35 Grad bedeutet mit den Kräften haushalten, langsame Bewegungen, überlegte Schritte. Lichter Savannenwald, hier und da ein mächtiger Jarrahbaum (*Eukalyptus marginata*) mit zerfurchter Rinde. Eukalytusbäume gibt es in Australien in schier unzähligen Varianten, als hätte die Natur herumprobiert, mit Farben, Düften und Früchten gespielt. Manche Stämme sind weiß und glatt, wie Haut. Köstlich, sie mit der Hand zu streicheln.

Wie Feen stehen sie zwischen den dunklen Jarrahbäumen, deren

Holz rot ist wie Mahagoni und ebenso hart. Auf den Anhöhen breitet sich Buschland aus. *Kwongan* ist der Nyoongar-Name für dieses Durcheinander aus Büschen, Blüten und Gestrüpp. Selbst jetzt im Hochsommer blühen einige Sträucher, weiß, rosarot, knallrot. Viele der Blüten haben ein sehr fremdartiges Aussehen. Besonders gern mag ich den Bottlebrush-Busch, den Lampenputzerbaum; seine knallroten Blüten gleichen tatsächlich kratzigen Bürsten. Borstigkeit ist überhaupt ein Merkmal vieler Blüten. Selbst Eukalyptusblumen sehen borstig aus, als wehrten sie sich gegen die Sonne.

In der Mittagshitze ist es nahezu unheimlich still in den Woodlands, nur hin und wieder der krächzende Aufschrei schwarzer Kakadus, die in den Baumwipfeln flegeln wie Halbstarke und dicke Eukalyptusnüsse auf uns herabwerfen. Ich setze mich auf einen Felsen und horche. Die Kakadus sind weitergezogen. Ringsum scheint es vollkommen still, ehe meine Ohren sich auf die feinen Geräusche einstellen, meine europäischen Ohren, die einen ständigen Lärmpegel gewöhnt sind. Aus der Stille dringt allmählich das Feingeräusch der Erde zu mir. Ein Knistern, Krabbeln, Summen, Flirren. Millionen Insekten sind unterwegs zwischen den trockenen Blättern, toten Ästen, morschen Strünken. Heerscharen winziger Termiten ziehen an meinen Stiefeln vorüber, einige verirren sich auf meine Beine, geschäftig einem unbekannten Ziel entgegeneilend. Seltsame Käfer, goldglänzend, purzeln über den Waldboden, doch die Spinnen bewegen sich lautlos.

»Bleib ruhig sitzen«, sagt Paul dicht hinter mir.

Ich zucke natürlich zusammen.

»Ganz ruhig!« Seine Stimme klingt befehlend. »Schau auf deinen Oberschenkel, aber nicht erschrecken. Einfach ruhig sitzen bleiben, dann passiert gar nichts!«

Auf meinem Oberschenkel sitzt die größte Ameise, die ich je gesehen habe! Ein Monster mit dickem Kopf, eine Panzerameise mit riesigen Beißzangen. Langsam bewegt sie sich höher, bleibt wieder stehen, als überlegte sie, wo sie mich mit ihren Zangen am besten packen könnte. Ich sitze wie erstarrt, registriere halb bewußt Pauls Hand, die sich dem Ungeheuer nähert, den Zeigefinger krümmt, und schnipp! – das Ungetier fliegt im hohen Bogen davon. Mein Oberschenkel ist gerettet.

»Was war das?« frage ich atemlos.

»Eine Bullenameise. Tut verdammt weh, wenn die zubeißen. Da springt man aus dem Stand mindestens zwei Meter hoch.«

»Danke«, sage ich und streife die winzigen Termiten von meinen Hosenbeinen.

Was haben eigentlich die Nyoongar und die anderen australischen Ureinwohner gemacht, wenn sie sich auf einen Stein setzten, um ein wenig auszuruhen oder der Stille zu lauschen? Sie hatten keine Stiefel und keine dicken Jeans an. Sie waren nackt. Die Bullenameisen hatten also erheblich weniger Mühe beim Zubeißen, von den giftigen Spinnen und Schlangen ganz zu schweigen.

»Das ist es, was mich davon abhält, nach Australien zu fahren«, sagte vor meiner Abreise eine Freundin in Deutschland, »diese Viecher, die da überall herumkrabbeln. Wenn ich mich auf einer Wiese nicht unbekümmert ausstrecken kann, fühle ich mich dauernd bedroht. Da bleibe ich doch lieber in Mitteleuropa!«

»Feigling!« hatte ich damals geantwortet.

Aber jetzt, inmitten der krabbelnden Wirklichkeit, leiste ich ihr ein wenig Abbitte. Die Natur ist in Australien kein bißchen kuschelig – sie ist hart, stachelig und erfordert ständige Aufmerksamkeit. Wer romatisch-gedankenverloren vor sich hin wandert, kann in ziemliche Schwierigkeiten geraten. Wir Europäer sind nicht mehr an Wildnis gewöhnt, wir müssen erst wieder lernen zu sehen, zu hören, zu sichern wie die Tiere. Aber ist es nicht auch das, was viele von uns suchen oder schmerzlich vermissen? Wir vergewissern uns eigentlich nur noch am Straßenrand, ob wir nicht in Gefahr sind, von einem Laster plattgewalzt zu werden. Unsere Wildnis ist die Autobahn – da kämpfen wir ums Überleben.

Im australischen Busch werden wieder alle Sinne geweckt, als würde altes Wissen aktiviert, das in der trügerischen Sicherheit unserer Zivilisation längst eingeschlafen ist.

Wir haben einen Hügel entdeckt, mitten im dichten Unterholz. Erst denke ich an einen überdimensionalen Ameisenhügel, was angesichts der Bullenameisen logisch erscheint. Doch weit und breit ist keine Ameise zu sehen. Dann erst fallen mir die Geschichten vom Thermometerhuhn ein, einem dieser merkwürdigen Tiere des fünften Kontinents.

Thermometerhühner tragen natürlich kein Thermometer mit sich herum, sie sind eher wandelnde Thermometer, sehen aus wie eine Mischung aus Rebhuhn, Fasan und Truthahn.

Der Hahn baut große Hügel aus Erde. Monatelang scharrt er, bis der Hügel endlich hoch genug ist. Ins Innere baut der kluge Hahn ein Nest aus Zweigen und Blättern. Die Henne hat eigentlich nichts weiter zu tun, als Eier in dieses Nest zu legen – obendrauf kommt dann wieder eine Schicht Erde, und fertig ist der Brutkasten. Den Rest erledigt die australische Sonne, kein langweiliges Sitzen in der Hitze ist nötig. Doch nun kommt die Sache mit dem Thermometer: Der Hahn kontrolliert laufend die Temperatur im Brutkasten. Sein

Schnabel, seine Zunge und die nackten Hautfalten an seinem Hals sind so empfindlich, daß er genau feststellen kann, ob es zu heiß oder zu kalt im Bruthügel ist. Ist es zu warm, wirft er noch eine Schicht Erde drauf, ist es zu kühl, kratzt er etwas Erde weg, damit die Sonne die Eier wärmen kann. Zwei bis drei Monate dauert es, bis die kleinen Hühnchen schlüpfen. Sie arbeiten sich ganz allein aus dem Erdhügel heraus und sind sofort selbständig. Kein Füttern und Nachzählen, ob noch alle da sind. Vater und Mutter können sich entspannen.

Die Eroberer Australiens und die ersten Siedler hielten die Brutkästen der Thermometerhühner für Grabhügel der Ureinwohner. Es dauerte eine ganze Weile, ehe sie das Geheimnis der Hügel im Busch entdeckten. Die Zahl der hübschen graubraunen Hühnchen ist seit Beginn der Kolonialisierung stark zurückgegangen. Viele endeten im Kochtopf, doch schlimmer setzten ihnen verwilderte Hauskatzen und Füchse zu, die von den Siedlern aus Europa mitgebracht wurden.

Wir wandern weiter durch den lichten Wald. Die Baumstämme sind hier bis zu einer Höhe von zwei, drei Metern schwarz und verkohlt, Erinnerung an Brände, die regelmäßig Busch und Wald heimsuchen.

»Fire-art«, sagt Paul und deutet auf die geisterhaften Überreste von Baumstämmen, schwarze Skulpturen im blassen Grün.

Der Weg fällt ab, wird steil. Am Fuß des Abhangs entdecken wir die Ockerschürfstelle – blanke, rotgelbe Erde –, daneben ein Schild der Naturschutzbehörde mit Erläuterungen. Noch sind wir zu nahe an der Zivilisation, die Natur ist beschriftet, gebändigt, für Touristen aufbereitet.

Ich verstreiche ein wenig von der bröseligen Ockererde auf meinem Handrücken. Die Brösel lösen sich auf, werden glatt wie

Schminke, bedecken meinen Handrücken mit einem wunderbaren warmen Farbton. Ich bemale meine Wangen, meine Nase. Ocker war bei den Ureinwohnern ein kostbarer Schatz. Mit Ocker gestalteten sie Kunstwerke auf ihrer Haut, vergängliche Kunstwerke, die nur für Initiationen, Feste und Rituale bestimmt waren.

Wir sind weitergefahren – nach Südwesten an die Küste. Ein gepflegter Campingplatz in Yellingup, englischer Rasen, ordentliche Toiletten und Duschen, Waschmaschinen, saubere Handbecken zum Geschirrspülen. In Australien legt man viel Wert auf gepflegte *facilities*. Sogar im entlegensten Nationalpark findet man Klohäuschen mit Klobürste und einem Eimer voll Desinfektionsmittel zum Nachspülen.

»Don't you just love camping?« fragt mich eine weißhaarige alte Dame, als ich die Reste unserer Mahlzeit aus den Töpfen schrubbe. Sie sieht sehr englisch aus, und ihre Augen funkeln boshaft-fröhlich hinter den Brillengläsern.

»Tja, so ist das!« fügt sie hinzu. »Erst wäscht man zu Hause ab, dann im Urlaub und hinterher wieder zu Hause. Eigentlich kein Unterschied, nicht wahr!« Sie lacht. Offensichtlich hat sie in ihrem Leben viele Campingurlaube hinter sich gebracht.

Der Indische Ozean donnert die ganze Nacht an die Felsküste unterhalb des Campingplatzes, überzieht uns mit feuchter Kühle. Am nächsten Morgen beobachte ich beim Frühstück die Abreise einer australischen Familie. Es dauert genau eineinhalb Stunden, bis sie alle Utensilien in ihrem Kombi verstaut haben: Campingmöbel,

Kocher, Geschirr, Surfbretter, Kinderspielzeug, Klamotten, Essen, Zelt. Vater, Mutter und Kinder arbeiten zielstrebig – ein eingespieltes Team. Ich bin inzwischen bei meinem vierten Tee angelangt.

»Don't you just love camping«, bin ich versucht zu sagen, doch ich denke es lieber nur. Dann gehe ich abspülen. Wir brauchen immerhin nur eine halbe Stunde, um unser Zelt abzubauen. Später wandern wir an der Felsküste zwischen Yellingup und Margaret River umher. Der Ozean hat bizarre Felsskulpturen aus dem Kalkstein herausgewaschen, Felstürme, Miniaturgebirge, steinerne Gesichter, Münder, Augenhöhlen, Arme.

»Sie sehen aus, als riefen sie um Hilfe«, sagt Paul und schaudert ein wenig.

»Vielleicht sind es die Geister der Ureinwohner oder der Strafgefangenen, die von den Briten hierher gebracht wurden«, antworte ich.

In der Kunsthalle von Perth habe ich ein Gemälde von Sally Morgan gesehen, dessen untere Hälfte mich an die seltsamen Felsenmenschen erinnert, Gestalten mit offenen Mündern, leeren Augenhöhlen, angstvoll ausgestreckten Armen. Über ihnen stehen die modernen Australier, sie stehen auf den Toten, die unter ihren Füßen wehklagen. Sally Morgan ist Westaustraliens bekannteste Schriftstellerin und Malerin. Sie hat Aborigine-Blut in den Adern und schrieb einen Bestseller mit dem trotzig-stolzen Titel *My Place*. Im Deutschen erhielt das Werk den irreführenden Titel *Ich hörte den Vogel singen*. Sally Morgan hat sich ihren Platz erkämpft, gegen Rassismus und andere Vorurteile. Auch Sally Morgan hat einen Traum: »Später«, sagte sie in einem Interview, »später in meinem Leben möchte ich in den Busch. Ich weiß, daß ich besser malen werde, wenn ich ganz nah an der Natur bin. Und ich möchte einfach bei den alten Aborigines sitzen, mir ihre Geschichten und ihre Gedanken anhören. Den größten Einfluß auf mein Leben hatten alte Aborigines. Wenn man älter wird, dann wächst man allmählich in die Weisheit hinein. Aber jetzt [sie ist sechsundvierzig] will ich noch gegen Rassismus und für mein Volk kämpfen!«[4]

Die Sonne sticht. Das Meer hat Berge von Tang angespült. Es riecht salzig und faulig-warm. Hoch über dem Meer entdecke ich eine Skulpturengruppe – zwei Frauen, schwanger, mit weit vorgewölbten Bäuchen und Spitzenhauben, ein Mann ohne Kopf, ein Greis mit Bart. Sie blicken aufs Meer hinaus. Ein paar Siedler, die wissen, daß sie die Heimat nie wiedersehen werden.

Hinter den Felsen der Verlorenen erstrecken sich große Weingüter, die hervorragende Weine erzeugen, Schlürfweine voller Sonne und Kraft. Die Landschaft erinnert plötzlich an Italien, doch vor uns springt ein Känguruh über die Straße, und zwischen den Weinbergen wachsen Blackboys. Das sind die wohl seltsamsten Bäume Australiens. Der Name ist rassistisch und darf offiziell nicht mehr benutzt werden, aber natürlich verwenden ihn alle. Blackboys sind Grasbäume, komische hohe Stämme mit einem wuscheligen Haarschopf obendrauf. Die Stämme sind meist schwarz von unzähligen Buschfeuern, die sie überlebt haben. Schwarz der Stamm, wuschelig der Haarschopf – Blackboys eben, wie die Aborigines, daher der Name. Blackboys haben hundert Leben, sind kaum umzubringen. Immer wieder treiben sie aus den Wurzeln, auch wenn sie abgehackt wurden. Dann sehen sie aus wie grüne Igel.

In Margaret River läuft ein Nikolaus (Father Christmas) durch die Straßen und verschenkt Bonbons. Trotz glühender Hitze trägt er hohe schwarze Gummistiefel, einen roten Filzanzug und einem weißen Rauschebart. Sein Gesicht ist so rot wie der Anzug, Schweiß läuft ihm in Strömen den Bart hinab und tropft auf seine Stiefel. Auf fast allen Weihnachtskarten sind verschneite englische Landschaften abgebildet; aus dem Supermarkt klingt Bing Crosbys »White Christmas«. Eine Busladung indonesischer Touristen wird vor dem Motel ausgeladen. Weihnachten ist nicht mehr fern.

Unter der Erde, im dichten Busch oder in den Sümpfen hausen unheimliche Wesen. Sie streifen als menschenfressende Ungeheuer durch die Steppe und lauern einsamen Jägern auf ...[5]

Zwischen Cape Leeuwin und Cape Naturaliste im Südwesten Australiens gibt es mehr als 300 Höhlen. Unter den Wurzeln der Karriwälder liegt ein schier unergründliches Labyrinth aus Kammern, Gängen, Hohlräumen, unterirdischen Seen. Unermüdlich sind mutige Amateurhöhlenforscher dabei, durch schmale Erdspalten in die Tiefe zu klettern – ausgerüstet mit ein paar Seilen und Lampen. Manche gehen dabei verloren ... Die Nyoongar wundern sich nicht darüber, denn kaum ein Ureinwohner hat jemals die Kalksteinhöhlen betreten. Höhlen sind und waren für sie Wohnorte von Geistern – und meist keinen guten. Wenn sie aber gut waren, mußte man sie auch bei Laune halten, und genau darum geht es in einer Geschichte, die sich um Ngilgis Höhle (Yellingup Cave) rankt:

»Ngilgi war ein guter Geist, der im Meer wohnte. Wolgine aber war böse und lebte in einer tiefen Höhle. Zu jener Zeit lag der Zugang zu Wolgines Höhle nahe am Strand, und in dem langen, unterirdischen Tunnel, der Eingang und Höhle verband, trugen die beiden Geister viele

Kämpfe aus. Die Menschen damals glaubten, daß die fürchterlichen Schlachten der Geister Gewitter und Stürme verursachten.

Eines Nachts beschloß Ngilgi, daß Wolgine endgültig besiegt werden müsse. Er verbündete sich mit einem anderen Meeresgeist und griff Ngilgi an. Als die beiden zusammenprallten, brach ein Unwetter los. Ngilgi zwang Wolgine zum Rückzug, doch die Gewalt der beiden Geister war so ungeheuer, daß der Tunnel hinter ihnen einstürzte. Der Kampf aber tobte unter der Erde fort, von Kammer zu Kammer und schließlich, in einem letzten, schrecklichen Zusammenprall, durch die Decke der größten Kammer an die Oberfläche. So entstand der heutige Höhleneingang. Wolgine bat wimmernd um Gnade, wurde aus der Höhle verbannt und durfte nie mehr zurückkehren. Ngilgi aber nahm die Höhle zur Wohnung, wachte von nun an über die Menschen und nahm ihre Gaben an: Yamswurzeln, kleine weiße Maden und andere Leckerbissen, die von den Menschen auf einem Stein im Höhleneingang niedergelegt wurden.«

(Nyoongar Sage)

Wir klettern mit einer Gruppe Neuseeländer in den Jewel Cave. Die Luft verändert sich dort unten, wird schwerer, dumpf und feucht. Gewaltige Hallen liegen unter der Erde, geschmückt mit Stalaktiten und Stalagmiten, mit Spitzenborten und verblüffenden Ornamenten aus glitzernden Kalziumverbindungen. Die Wurzeln der Bäume dringen in diese Hohlräume ein, feine Gespinste an den Decken oder breite Lianen, die wie Seile herabhängen und wieder im Boden verschwinden.

Schweigend gelangen wir tiefer und tiefer in das Erdinnere. Es ist eine wunderbare, unheimliche Welt – erinnert an Tiefseetauchen, ist fremdartig, unwirklich, wie die Reise zum Mittelpunkt der Erde.

Unwirklich, auch wenn der Ranger uns wissenschaftliche Erklärungen vorbetet. Vor unendlich langer Zeit – so zwischen 10 000 und zwei Millionen Jahren – veränderte sich der Meeresspiegel mehrere Male. Manchmal lag er 70 Meter über dem heutigen Niveau.

»Könnte ja wieder passieren«, murmelt Paul. »Ich meine, bei der Klimaveränderung ist das doch drin!«

Als der Ozean sich schließlich zurückzog, lagen Meerestiere und -pflanzen auf dem Trockenen. Heftige Stürme trugen kleine Muscheln und Schalentiere an Land und bildeten auf den ursprünglichen Granitfelsen hohe Dünen, die dann im Laufe der Zeit zu Kalkstein wurden. Regen, Flüsse und Bäche wiederum gruben über unendliche Zeiträume hinweg die Höhlen und modellierten ihre unterirdischen Kunstwerke.

Die wissenschaftlichen Erklärungen sind einleuchtend, aber irgendwie unbefriedigend. Mir ist die Sage vom Kampf der Geister näher. Nach Meinung der Ureinwohner wurden die Höhlen von den Ahnen geschaffen, den Heroen der Traumzeit, die ohnehin für alles verantwortlich sind, was, zumindest in Australien, existiert. Die Traumzeit aber ist nur spirituell erfahrbar, in Meditation, in Trance, in Träumen.

Ich spüre die Kraft der Wurzeln, die sich auf der Suche nach Feuchtigkeit durch die Höhlen hindurchbohren. Lausche dem sanften Tropfen, das von irgendwoher erklingt, schaudere vor den dunklen Nischen, die nicht von Scheinwerfern ausgeleuchtet werden.

Noch immer wohnen böse Geister in den Höhlen. Manchmal stürzen sie ohne Vorwarnung ein. Im Herbst 1996 wurden bei einem Ausflug sechzehn Kinder in einer einstürzenden Höhle begraben. Ich bin froh, als wir wieder an die Oberfläche kommen, trete noch einmal zurück in das unterirdische Reich, um den Übergang genau zu spüren. Die feuchte, geheimnisvolle Stille, in der jedes Tropfen überlaut wirkt, und oben das grelle Licht, die plötzliche Hitze, die kreischenden Papageien und die vertrauten Geräusche des kleinen Coffeeshops. Ist die Welt ein Traum?

Wir fahren den Blackwood River entlang, überqueren ihn mehrmals, auf großen hölzernen Brücken, die im Winter manchmal weggeschwemmt werden, wenn sich der sanfte Fluß in ein reißendes Ungeheuer verwandelt. Pelikane schaukeln auf dem Wasser, erheben sich träge und fliegen mit schweren Flügeln davon. Wir sind auf dem Weg nach Nannup, einem kleinen Landstädtchen in den Wäldern des Südwestens.

Nannup, das ist eine bunte Ansammlung kleiner Häuser, die sich an eine große Sägemühle der Bunnings Company anschließen. Arbeiterhäuschen aus Holz mit kleinen Gärten, die Häuser der Besserverdienenden, Bungalows mit größeren Gärten, ein paar Läden an der Hauptstraße, ein Coffeeshop, ein Souvenirladen mit Antiquitäten und Kunsthandwerk, ein Hotel, ein Backpacker Hostel. An der Hauptstraße blüht ein roter Eukalyptusbaum, Millionen Bienen umschwirren seine Blüten. Gegenüber dem Edelsteinmuseum steht das Denkmal des ersten Australiers, der im Vietnamkrieg gekämpft hat. Es war ein Junge aus Nannup, und er kam nicht zurück. Vielleicht träumte er vom Abenteuer in der weiten Welt. Eine kleine asiatische Frau zupft mich am Ärmel. Sie will mir ein Zimmer vermieten. Seit zehn Jahren lebt sie in Nannup, ist inzwischen australische Staatsbürgerin. Sie stamme aus Malaysia, erklärt sie mir. Es sei nicht immer leicht gewesen in Australien.

»Die Menschen mögen keine Asiaten«, sagt sie und zuckt die Achseln.

Aber sie habe zusammen mit ihrer Tochter ein schönes Haus gekauft, vermiete Zimmer an Touristen. Das Leben sei zwar nicht schlecht, nur sei die Tochter inzwischen weggezogen, arbeite in einem Hotel auf Christmas Island. Aber immerhin habe sie noch den Garten und die Vögel.

Ihr Garten ist riesig, voller Blumen und Papageien; das Haus liebevoll gepflegt, gemütlich. Trotzdem entscheide ich mich für das Hotel, denn ich möchte die Menschen von Nannup sehen. Die kleine Frau winkt mir nach, steht zwischen ihren Blumen, allein, weit weg von Malaysia. Das Nannup Hotel ist nicht besonders luxuriös, aber das sind die Landhotels in Australien nie. Doch wer Australien spüren will, sollte die Motels und Touristenresorts meiden und sich nur in diesen alten Hotels einmieten. »Hotel« heißt in Australien vielerlei, es bedeutet: Kneipe, einfaches Essen, Übernachtungsmöglichkeit, und vor allem ist es das Hotel für die Einheimischen.

Diese Hotels stammen fast alle aus dem 19. Jahrhundert, waren und sind Saufplatz für Farmer, Landarbeiter, Minenarbeiter, Holzfäller, Fischer. Sie haben fast immer einen umlaufenden Holzbalkon im ersten Stock, sind altmodisch, verstaubt, plüschig. In Europa trifft man diese altvertrauten Gasthöfe inzwischen nur mehr selten an. Sie wurden alle in Romantic Hotels umgewandelt oder sonst auf grauenvolle Weise der modernen Welt angepaßt.

Unser Zimmer im Nannup Hotel hat keine Dusche, die Betten sind aus rotem Jarrahholz, ähneln Großmutters Doppelbett, in dem sie auch noch zwanzig Jahre nach dem Tod ihres Mannes schlief. Eine Spitzendecke liegt über dem runden Tisch. Die Stühle wackeln, die Wände sind hoch und ein wenig vergilbt. Dafür kostet die Übernachtung auch nur 45 Dollar.

»Welcome to Paradise« – das Wiluna Club Hotel

Outsider im Outback

Vorhergehende Seite: Aborigine-Felszeichnung bei Tom Price

Geistereukalyptus im Pilbara

Tote Bäume bei Williams

Blühender »Christmas tree« im Südwesten

Vor einer Farm bei Esperance

Lucky Bay im Cape Le Grand Nationalpark

Kookaburra (Lachender Hans)

Spinifex-Täubchen

Butcherbird (Würger)

Graues Känguruh

Karriwald bei Margaret River

Clearfelling bei Pemberton
Nächste Seite: Schädelberg und Quelle im Cape Le Grand Nationalpark

Paul wirft sich aufs Bett und zieht seine Stiefel aus. »Schau dir das an!« ruft er entsetzt und starrt auf sein Bein.

Ein gelbschwarz gestreiftes Insekt hat sich an seinem Schienbein festgesetzt. Die größte Zecke, die ich jemals gesehen habe. Obwohl sie sich noch nicht vollgesogen hat, ist sie ungefähr einen Zentimeter lang und hat riesige Beine.

»Mach sie weg«, flüstert Paul und wendet das Gesicht ab. Ich halte die Luft an, packe das Vieh, drehe es blitzschnell gegen den Uhrzeigersinn, halte es zwischen den Fingern, schleudere es zu Boden.

»Du kannst sie doch nicht einfach hier herumkrabbeln lassen, die kommt womöglich zu uns ins Bett«, flüstert Paul, der sein Bein von sich streckt, als gehöre es nicht zu ihm.

Ich hebe die Zecke wieder auf, werfe sie in einen gläsernen Aschenbecher. Paul desinfiziert seine Bißwunde, dann nimmt er genüßlich ein Streichholz und zündet die Zecke an.

»Mistvieh!« sagt er.

Wir flüchten in den Speisesaal, bestellen Fish and Chips. Bier gibt es nicht, nur in der Kneipe nebenan, die sorgfältig vom Speisesaal getrennt ist – aus moralischen Gründen. Altmodische Spiegel zieren die Wände, frische Rosen stehen auf der Anrichte. Wir sind die einzigen Gäste.

»Mein Bein juckt«, sagt Paul. »Hoffentlich war das Biest nicht giftig.«

»Das wird sich spätestens in vier Wochen herausstellen. Ich habe nachgelesen, daß Infektionen infolge von Zeckenbissen sich sehr langsam bemerkbar machen«, antworte ich.

»Danke für die Information«, meint Paul, starrt düster auf seinen Teller und fügt hinzu, daß der Fisch modrig schmecke.

Nach dem Essen wechseln wir in die Kneipe hinüber, die man hier

»Bar« nennt, und setzen uns ein wenig schüchtern an den Tresen. Die »Bar« ist brechend voll. Lauter wilde Burschen mit langen Haaren und Bärten, Tätowierungen auf den bloßen Armen. Jedes einzelne Gesicht ist unverwechselbar, als hätte ein Hollywood-Regisseur besonders auffällige Typen unter den Komparsen ausgesucht: zerfurchte Gesichter, ausgedörrt von der Sonne, einige Schädel sind kahlgeschoren, nur ein Pferdeschwanz baumelt am Hinterkopf. Sie tragen Ohrringe, manche Bäuche wölben sich gewaltig unter den knappen Hemdchen. All diese Männer sitzen auf Barhockern oder stehen in Grüppchen herum – Rauchwolken steigen zwischen ihren Fingern auf, und sie schreien sich an. Das ist ihre Art der Konversation. Die beiden Barmädchen sind außer mir die einzigen Frauen. Schweißflecke zeichnen sich auf ihren tiefdekolletierten Blusen ab. Sie lächeln, eilen hin und her – der Tresen ist lang –, nehmen die leeren Gläser mit, füllen sie wieder. Es sind winzige Gläser, gemessen an einer bayerischen Halben oder Maß. Middies nennt man sie in Australien, und sie dürfen keine Schaumkrone tragen! Biergläser werden hier bis zum Rand gefüllt, der Schaum wird abgestreift! Für zwei Dollar pro Glas wollen Australier Bier und keinen Schaum!

Der Tresen ist mit ordentlichen Frotteeläufern abgedeckt, um Bierringe auf dem Holz zu vermeiden. (Es ist eine Frotteeläuferkultur.) Bezahlt wird sofort!

Ich sitze und schaue, trinke ein Glas Rotwein, versuche zu verstehen, was gesprochen wird. Es wird lauter und lauter in der Bar, der Zigarettenrauch dichter. Die Männer umarmen sich, boxen spielerisch. Ich verstehe vor allem *fucking*, *bloody*, *shit*, sonst eigentlich nichts, denn diese Wörter werden besonders laut ausgestoßen, fliegen über die Schreigespräche hinaus wie Ausrufezeichen.

»Warum reden die so laut?« frage ich Paul, der damit beschäftigt ist, unbemerkt ein paar Fotos zu machen.

»Australier sind laut«, antwortet er. »Sie glauben wahrscheinlich, daß sie sonst keiner hört.«

Ein alter Herr mit tiefroter Nase löst sich aus der krakeelenden Menge und kommt auf mich zu, legt eine Hand auf meinen Arm.

»Ich möchte mich bei Ihnen entschuldigen«, brüllt er mir ins Ohr. »Sie kommen aus einem anderen Land, Sie sind eine Lady. Ich entschuldige mich für die unanständige Sprache der Jungs. Sie meinen es nicht böse, aber es ist wirklich abscheulich!«

Ich lächle den alten Herrn an und meine, es sei schon in Ordnung. Bei dem Lärm könne ich ohnehin kein Wort verstehen.

»Ja«, brüllt der Alte noch bekümmerter, »sie sind schrecklich laut. Ich bin schon ganz taub von dem Lärm. Die werden später alle schwerhörig, das sage ich immer wieder. Aber auf mich hört ja keiner!«

Er bestellt ein Glas Wein für mich und ein Bier für Paul.

»Das sind Gäste in Nannup!« schreit er gegen die anderen an und schüttelt die Fäuste.

Einer der Kahlköpfigen mit Pferdeschwanz kommt näher. »Was regst du dich denn so auf, Greg?« fragt er.

»Ihr seid so laut und benutzt so unanständige Wörter! Man muß sich ja schämen! Wir haben Gäste!«

Der Kahlköpfige wirft einen kurzen Blick auf mich und Paul, dann bleiben seine Augen an der Kamera hängen.

»Ich mag es nicht, wenn man mich fotografiert«, sagt er langsam. »Die anderen Jungs übrigens auch nicht!«

»Schon gut«, antwortet Paul schnell. »Ich hab nur ein Foto von den Mädchen gemacht – ihr Jungs seid ohnehin keine Schönheiten!«

Ich halte die Luft an. In Bayern könnte so eine Bemerkung zu einer Schlägerei führen. Doch der Kahlköpfige lacht dröhnend, schlägt Paul auf die Schulter und gibt zwei Bier für uns aus. Dann kehrt er zu seinen Kumpels zurück, kümmert sich nicht mehr um uns. Vor Paul stehen zwei volle Middies, vor mir ein Glas Wein und ein Middie.

»So viel kann ich bei der Hitze nicht trinken«, flüstere ich.

»Ich auch nicht!« flüstert er zurück. »Wir lassen die Gläser einfach stehen und verschwinden. Ich bin sicher, daß es sowieso bald eine Schlägerei gibt. Das gehört hier dazu, sonst ist es kein gelungener Abend.«

»Ich will aber nicht gehen! Ich will sehen, wie sie sich prügeln! Außerdem ist es unhöflich, die Drinks stehenzulassen!«

»Keine Angst, die werden schon getrunken. Kaum sind wir weg, schnappen sich die Jungs unsere Gläser. Die wissen sowieso bald nicht mehr, welches Glas ihnen gehört und welches nicht.« Paul macht seinen Erfahrungsvorsprung als Australier und seinen Zeckenbiß geltend. Widerwillig folge ich ihm.

»Wie kommen die eigentlich nach Hause?« frage ich, während wir die breite Treppe hinaufsteigen. »Ich meine, die sind doch so besoffen, daß sie nicht mehr fahren können.«

»Die fahren einfach. Die Polizei kümmert sich nur darum, wenn sie einen Unfall bauen. Die beiden Dorfpolizisten kennen doch jeden. Die können es nicht riskieren die Jungs einzusperren, was sie eigentlich müßten. In der Stadt ist das anders, da sind die Kontrollen streng. Deshalb trinken die Leute zu Hause vor dem Fernseher, und in der Kneipe ist es aus mit der Kommunikation.«

»Kommunikation?« frage ich, und Paul lacht los.

In unserem Zimmer ist es fast ebenso laut wie unten in der Kneipe. Gegen elf schwillt der Lärm an, Gläser splittern, die Mädchen kreischen.

»Jetzt prügeln sie sich«, meint Paul sachlich.

Das Ganze dauert nur ein paar Minuten, dann ist es plötzlich still.

Kurz darauf werden Autos angelassen, die Jungs ziehen ab. Ende eines ganz normalen Abends in einer Landkneipe.

Während ich noch wachliege, erinnere ich mich an einen anderen Abend vor zwei Jahren in der kleinen Stadt Pemberton. Auch dort fielen nach Einbruch der Dunkelheit Heerscharen von Männern in das Hotel ein, feierten den Sieg ihrer Football-Mannschaft (Australian Football, versteht sich: ohne Helme und Polsterungen). Sie tranken wie die Weltmeister, denn ab neun Uhr abends schenkten die rosigen blonden Wirtinnen mit den Rüschenschürzen keinen Tropfen mehr aus. Die Männer waren so glücklich, daß sie uns mit einschlossen, uns einen Drink nach dem anderen spendierten. Zuletzt standen vierzehn Gläser Portwein vor uns. Punkt neun drängten die Wirtinnen ihre Gäste hinaus. Manche waren kaum noch in der Lage zu gehen, aber sie kauften noch schnell ein paar Flaschen Schnaps, die von den Damen sorgfältig in braune Papiertüten eingewickelt wurden. Alkohol darf in Australien nicht öffentlich gezeigt werden. Nahezu auf allen vieren krochen die Footballfans aus dem Pemberton Hotel, um zu Hause weiterzutrinken.

»Warum tun die das?« fragte ich Paul damals, während wir fassungslos vor unseren vierzehn Gläsern Portwein saßen. »Sie genießen das Leben«, war seine Antwort. »Morgen fühlen sie sich zwar alle fürchterlich, aber heute ist es großartig. So ist das.«

Die Autos der Jungs von Nannup sind alle fort. Unten klappern noch ein paar Türen, jemand kommt die Treppe herauf. Dann senkt sich Stille über die kleine Stadt. Im *West Australian*, der größten Tageszeitung im Westen, habe ich gelesen, daß weiße Australier mehr zu alkoholischen Exzessen neigen als Aborigines. Das allgemeine Vorurteil der Weißen besagt allerdings das Gegenteil.

»Warum saufen die so?« frage ich in die Dunkelheit hinein.

Paul schreckt auf.

»Was?« fragt er schlaftrunken.

»Warum saufen die so?« wiederhole ich.

»Es ist ein Uhr nachts, und du weckst mich auf, um mir eine Frage zu stellen, die ich unmöglich beantworten kann«, stöhnt er.

»Dann versuch es, verdammt noch mal! Du bist schließlich Australier!«

Paul legt sich seufzend zurück.

»Sie saufen, weil es ihnen Spaß macht! Als ich jung war, hab ich das auch getan. Es ist wie ein Wettbewerb unter Freunden. Wer mithalten kann, wird geachtet. Außerdem kann man im Hotel fast alles vergessen – die Scheißarbeit den lieben langen Tag, den niedrigen Lohn, die Hitze, die Langeweile, den Ärger mit der Freundin oder Frau oder was weiß ich! Für ein paar Stunden ist alles in Ordnung, und man ist ein toller Kerl. Das reicht den Jungs, auch wenn sie am nächsten Tag Kopfschmerzen und ein blaues Auge haben!«

Tiere gehören zu unserer Familie.
Die Erde ist unsere Mutter,
der Adler unser Vetter,
der Baum pumpt Blut wie wir.
Wir sind alle eins.

BILL NEDJE

Clearfelling, Clearcutting – das sind saubere, ordentliche Bezeichnungen für eine moderne Form der Waldwirtschaft. *Clear* aber ist nach dem Clearcutting gar nichts – nur die Bäume sind weg. Am Boden bleibt ein grauenvolles Durcheinander aus zerstückelten, zerfetzten Baumstrünken, Ästen, aufgewühltem Boden. Es sieht aus, als sei eine Kriegsmaschine durch den Wald gerast, hätte eine riesige, schmerzende Wunde hinterlassen. Die größten Wunden umfassen 80 Hektar.

Wir stehen inmitten dieser 80 Hektar, fünf Kilometer südlich von Pemberton, sprachlos. Ein junger Förster hat uns hergeführt, um uns zu zeigen, daß Clearcutting notwendig ist. Er heißt John, und er ist ein netter Kerl, braungebrannt, witzig, engagiert.

Angesichts unserer Erschütterung bricht ein Redeschwall aus ihm heraus: »Es sieht schlimm aus, das gebe ich zu. Die Maschinen sind mit diesem Stück gerade fertiggeworden. Aber es bleibt nicht so. Nächste Woche wird hier alles abgebrannt, was noch steht, und wir hoffen, daß kein kräftiger Regen kommt, denn Regen vergrößert natürlich die Erosionsgefahr. Die Erde liegt ja im Augenblick blank. Wenn das Feuer aus ist – es glimmt meistens eine Woche lang –, dann gehen noch einmal große Pflüge durch, und dann pflanzen wir neue Bäume, das klappt meistens sehr gut.«

»Meistens?« frage ich und starre auf die tiefen Reifenspuren der Maschinenmonster, die hier gewütet haben.

John beißt sich auf die Unterlippe.

»Fast immer!« sagt er mit Nachdruck. »Nur ganz selten gelingt es nicht, wenn die Erosion den Boden zerstört hat. Aber das ist die Ausnahme.«

»Wie alt waren die Bäume, die hier gefällt wurden?« frage ich.

»Ungefähr 150 Jahre«, meint John, »einige auch älter.«

150 Jahre alt muß ein Karribaum sein, um Höhlen als Zuflucht für Vögel und kleine Beuteltiere zu bilden, 200 Jahre braucht ein Jarrahbaum. Das habe ich in einem Naturkundebuch gelesen.

»Was passiert mit den Vögeln und den anderen Tieren, die hier gelebt haben?« frage ich.

»Ach, die ziehen um, wenn die Maschinen kommen.« John lacht ein wenig unsicher. »Es ist nicht so tragisch, wie Sie denken. Die Tiere haben genügend Platz in unseren Wäldern. Australien braucht seine Holzindustrie, sie ist ein wichtiger Wirtschaftsfaktor – bei Ihnen in Deutschland doch auch.«

Natürlich, er hat ja recht. Deutschland war einst Urwald – noch vor 2000 Jahren. Doch noch ist ein Drittel seiner Fläche mit Bäumen bedeckt, selbst nach 2000 Jahren. Australien hingegen ist eines der waldärmsten Gebiete der Erde. Die irrige Annahme, Australien sei vor der Kolonialisierung, also vor 1788, abgesehen von den Wüstengebieten ein dichtbewaldeter Kontinent gewesen, wurde längst widerlegt. Eine langjährige Feldstudie des Botanikers John Carahan von der Universität Canberra hat ergeben, daß zu keiner Zeit mehr als zehn Prozent des Landes mit Wald bedeckt waren. Ein Viertel davon bestand aus lichten Savannenwäldern. Bei einer Fläche von 7,6 Millionen Quadratkilometern sind allerdings auch zehn Prozent eine Menge.

Heute hat Australien nur noch einen Waldanteil von fünf Prozent. Innerhalb von 200 Jahren verschwand also die Hälfte des Baumbestands. Die Wälder wurden abgeholzt, um Platz für Ackerland zu schaffen, der Busch fiel riesigen Viehweiden zum Opfer. Die Folgen dieses Kahlschlags machen sich in den letzten Jahren immer drastischer bemerkbar: Erosion und Versalzung des Bodens bedrohen den gesamten australischen Kontinent.

In Westaustralien gehen nach Angaben des Landwirtschaftsministeriums jährlich 250 Quadratkilometer Ackerland für die landwirtschaftliche Nutzung verloren, weil der Boden zu salzig wird. In vielen Landstädtchen greift das salzige Grundwasser die Gebäude an, dringt in Keller und Mauerwerk ein. Es ist, als würde das Salz die Menschen von unten auffressen, als erwachten die Geister der Aborigines in ihren unterirdischen Verstecken, um sich an den Eindringlingen zu rächen, an den Verächtern der alten Gesetze.

Salzkristalle bedecken sogar Golfplätze. In der Stadt Dowerin stieg das salzige Grundwasser bis auf wenige Meter unter die Oberfläche. Salzseen breiten sich aus, Bäume sterben, das Wasser in den Viehtränken schmeckt nach Salz.

Hauptursache für die salzige Flut ist das Abnehmen des Baumbestands: Der Waldanteil Westaustraliens hat sich von fünf auf ein Prozent verringert. Den einstigen Pionieren war nicht bewußt, daß Bäume die einzige Barriere gegen das Salz bedeuteten. Sie zerhackten und verbrannten die Garanten für die Fruchtbarkeit des Bodens. Wo heute Wein und Weizen wachsen, wird vielleicht bald nur noch Salz sein.

Australische Bäume – meist zur Familie der Eukalypten gehörig – sind nämlich Tiefwurzler und arbeiten wie gigantische Wasserpumpen. Sie saugen die Feuchtigkeit aus den Tiefen der Erde und geben sie über die Blätter an die Atmosphäre zurück. Fallen diese Pumpen weg, so bewirken die heftigen Regenfälle in der Winterzeit, daß der Grundwasserspiegel ansteigt. Langsam kommen damit auch die Salze des Erdreichs an die Oberfläche, natürliche Mineralien, die wegen der intensiven Landwirtschaft heutzutage allerdings mit den Salzen der Industriedünger angereichert sind. Diese Salze sammeln sich in Senken und entlang der Drainagerohre, es entsteht ein weißer, tödlicher See, der von ferne an Eis erinnert.

Das Problem wurde inzwischen von allen Betroffenen durchaus erkannt. Niemand auf dieser Erde kann behaupten, er habe es nicht gewußt, denn die wissenschaftlichen Daten sind allen zugänglich. Und so verkündete die Labour-Regierung unter Premierminister Bob Hawke bereits 1989 ein Programm zur Anpflanzung von einer Milliarde Bäumen. Ein bescheidener Anfang, wenn man die Studie von John Carnahan betrachtet, aus der hervorgeht, daß Australien seit 1788 etwa 20 Milliarden Bäume verloren hat.

Trotz all dieser Erkenntnisse, trotz Wiederaufforstung und den Bemühungen einsichtiger Farmer werden die Reste des natürlichen Waldbestandes auch heute noch intensiv genutzt. Alter Waldbestand aber ist in Australien, wie fast überall auf der Erde, inzwischen eine Seltenheit. Die Staatsforste Westaustraliens sind Tummelplatz einer regen Holzindustrie, deren Produkte hauptsächlich nach Japan ausgeführt werden – zerschnetzelte Wälder, Woodchips, die in Form von Verpackungsmaterial für japanische Waren wieder ins Land zurückkehren. Ein irrwitziger Kreislauf. Der Förster John hat uns ein wiederaufgeforstetes Gebiet gezeigt, halb beschämt angesichts der dünnen Stämmchen, der geringen Artenvielfalt. Zehn Jahre alt war diese Schonung – zehn Jahre aber sind nichts für einen Jarrahbaum. Er ist noch immer ein Kleinkind. Erst in hundert Jahren wird er seine Krone mächtig zum Himmel erheben, wird er seltenen Tieren Heimat sein. Und es ist fraglich, ob er überleben wird, ob seine Wurzeln genügend gutes Wasser finden, ob er die vielen Baumkrankheiten übersteht, ob er an *dieback* dahinsiechen wird, jener heimtückischen Pilzerkrankung, die zu Beginn des Jahrhunderts aus Indonesien eingeschleppt wurde. (*Dieback* heißt »rückwärts sterben«.) Der Pilz befällt die Wurzeln der Bäume und Büsche, unterbricht den Wasserfluß zur Krone. Die befallenen Pflanzen verhungern, vergilben, sterben von oben zur Wurzel hinab. Der Pilz breitet sich besonders in Wald- und Buschgebieten aus, die durch Umweltveränderungen ohnehin anfällig geworden sind. *Dieback* ist eine Variante des europäischen und amerikanischen Waldsterbens. Wir entgehen unserer Welt nirgendwo, nicht einmal auf dem fernsten Kontinent.

Und doch sind die Wälder des australischen Südwestens auch in ihrer Bedrohtheit von atemberaubender Schönheit. Ihre Bäume sind so hoch wie Regenwaldbäume, fünfzig, sechzig Meter hoch. Die Karris, Merris, Jarrahs, Tingles stehen da, als wollten sie beweisen, daß sie auch in Zukunft bestehen werden. 50 000 Jahre haben sie mit schwarzen Menschen überstanden, warum sollten sie nicht auch die Weißen überstehen?

Die Sagen der Aborigines sind voll von Hinweisen auf das Unheil, das ihnen selbst und anderen droht, wenn die Menschen nicht für das Land sorgen. Es sind Träume von der Rache der Geister und vor allem der Regenbogenschlange, jener mächtigen Hüterin des Kontinents, die erwachen könnte, um ihre Geschöpfe zu rächen. Die Sage von Bolong, der Regenbogenschlange, erzählt davon:

»In der Traumzeit zog Nagacork, der Schützenfischahne, durch den Norden Australiens. Am Flying Fox River schuf er ein großes Wasserloch, das Talawung heißt, und bevölkerte es mit seinen Geschöpfen.

Als Nagacork von einer langen Wanderung nach Talawung zurückkehrte, sah er über den dichten Pandanuspalmen und Papierrindenbäumen am Ufer den Rauch vieler Kochfeuer. Überall waren die Geräusche von Menschen zu hören, die unter den schattigen Baumkronen lagerten. Junge Männer gingen auf Fischfang mit ihren kurzen Speeren, während Frauen und Kinder den schlammigen Flußboden nach Muscheln und saftigen Wasserlilienknollen absuchten. Fröhlich schwatzend schoben sich die Sammlerinnen ihre bootsförmigen Coolamons zu, schwimmende Holzschüsseln, die zum Sammeln der Nahrung dienten.

›Komm her Alter‹, riefen die Männer Nagacork schon von weitem entgegen. ›Iß mit uns, es ist genug für dich da.‹ Nagacork gab ihnen keine Antwort. Schweigend ging er am Fluß entlang und hielt Ausschau nach den Fischen, die er dort zurückgelassen hatte. Als alles Suchen vergebens

war, kehrte er um. Aufgeregt kamen die Jäger herbeigelaufen und deuteten in das trübe Wasser.

›Sieh nur, sind das die Fische, die du suchst?‹

Andere wateten in den Fluß und trieben die verängstigten Tiere laut schreiend ans Ufer, doch der Alte schüttelte jedesmal stumm den Kopf.

Auf dem Rückweg machte Nagacork eine seltsame Entdeckung. Scharen roter Ameisen krabbelten den Stamm eines Eukalyptusbaumes empor, bis sie oben in einem großen Astloch verschwanden. Ohne zu zögern, kletterte er hinterher und starrte in die dunkle Öffnung. Im hohlen Baumstamm lagen die abgenagten Skelette vieler Schützenfische.

Nagacork stieg hinab und ließ sich unter einer Gruppe Pandanuspalmen nieder. Traurig saß er am Boden, den müden Kopf auf die Knie gelegt. Dann stimmte er den uralten Beschwörungsgesang an, der Kurrichalpongo, die schwarze Felsenschlange, herbeiruft. Weithin erklang das eintönige Lied durch den Busch.

›Ich sehe die große Schlange aus den Bergen im Norden herankommen‹, meldete wenig später Datat, der grüne Papagei, der auf einem hohen Papierrindenbaum saß.

Nagacork hob den Kopf. Am wolkenlosen Himmel wölbte sich ein mächtiger, bunt schillernder Regenbogen über die Welt.

Kurrichalpongo aber wanderte unter der Erde nach Talawung. Dort bohrte sie ein tiefes Loch in das Ufer, aus dem reißende Fluten hervorbrachen. Voller Entsetzen versuchten die Menschen zu fliehen, doch in wenigen Augenblicken hatten die schäumenden Wogen das ganze Gebiet überschwemmt und alles Leben unter sich begraben. Viele Menschen wurden damals in Vögel verwandelt, die mit rauhem Gekrächz durch die Lüfte flatterten. Andere erhielten die Gestalt von Schildkröten und entgingen auf diese Weise dem Verderben. Kurrichalpongo legte ihre Eier in das Wasserloch. Aus einigen schlüpften junge Regenbogenschlangen, die in alle Richtungen davonkrochen. Andere verwandelten sich in Steine, die noch heute in Talawung zu sehen sind. Die große Schlange zog weiter. Aus der Spur, die sie auf dem trockenen Boden hinterließ, wurde ein tiefer Fluß, gesäumt von Bäumen und Schilf. Überall glänzten schattige Wasserlöcher in der hellen Sonne. Entlang ihres Weges bildeten sich Berge und grünes Buschland.

Kurrichalpongo kämpfte mit Kandagun, dem räuberischen Dingo. Als sie den Gegener vertrieben hatte, fiel sie in einen tiefen Schlaf und machte im Traum den bitteren Yams, der seither in dieser Gegend wächst. Dann führte ihr Weg sie weiter nach Luralingi, das am Hodgson River liegt.

Dorthin waren zwei junge Frauen vom Stamm der Marambella vor ihren Männern geflohen und hatten sich den beiden Söhnen Nagacorks angeschlossen. In hohlen Baumstämmen entdeckten die vier junge Regenbogenschlangen, töteten sie und brachten sie dem Alten.

›Dafür werdet ihr sterben‹, murmelte er düster, ›denn ihr habt die Nachkommen der großen Schlange getötet.‹ In Luralingi angekommen, verwandelte sich die grimmige Kurrichalpongo in Bolong, die mächtige Regenbogenschlange, während gewaltige Donnerschläge die Erde erzittern ließen. Vielzackige Blitze schossen über den nachtschwarzen Himmel und spalteten ganze Berge, die mit ungeheurem Getöse auseinanderbrachen und die Frevler unter riesigen Gesteinsbrocken begruben. Schwerer Regen prasselte hernieder, heulende Stürme knickten die stärksten Bäume wie Grashalme und peitschten reißende Flutwellen vor sich her, die alle Stämme in der Umgebung ertränkten.

Bolong setzte ihre Wanderschaft fort. Ihrem fruchtbaren Leib entströmten Tiere und Pflanzen, auf ihrem Weg schuf sie Berge und Ebenen, Sümpfe und Wasserlöcher. In Moorinjairee endlich traf sie auf den alten Nagacork und vier weitere Regenbogenschlangen.

Sie beratschlagten lange und hielten einen großen Corrobore ab, auf dem neue Tänze eingeführt wurden; dann verwandelten die mächtigen Ahnen Tiere in Menschen.

Zuletzt verschwanden die Regenbogenschlangen in der Erde, wo sie auf dem Grund tiefer Wasserlöcher unablässig neues Leben hervorbringen. Dort wohnen auch die Kindkeime, die in den Schoß der Frauen eindringen, um als Menschen wiedergeboren zu werden.

Nagacork aber zog ein letztes Mal durch die Jagdgründe der Stämme. Er besuchte die Menschen, Tiere und Pflanzen, und dazu sang er sein Abschiedslied, denn er war alt und müde geworden.

›Lebt wohl, ihr Geschöpfe,
für immer verlasse ich euch,
doch über euch wachen will ich allezeit.‹

Und Nagacork stieg zum Himmel empor, wo er zwischen den Gestirnen seine Wohnstatt nahm. Der Sternenstrom aber, den die Weißen Milchstraße nennen, ist der Rauch von Nagacorks Lagerfeuer, der über das nächtliche Firmament zieht.«[6]

Ich habe in mancher Nacht zum Himmel emporgeschaut. Die Milchstraße sieht in Australien ganz anders aus als in Europa, ist näher, deutlicher – wie der Rauch eines Lagerfeuers …

Ich war immer auf der Suche, weiß nicht, ob ich weiß, was ich suche ...

ELISABETTA

Elisabetta lacht mich aus. Wir sitzen vor ihrem kleinen Farmhaus und schauen zum Eukalyptuswald hinüber. Ich habe gerade gesagt, daß ich am liebsten für immer hierbleiben würde. Ihr Lachen setzt sich in den Bäumen fort, schwillt an zu einem vielstimmigen Gekicher. Das sind keine Geister, die mich da auslachen, es sind Kookaburras, lachende Hänse, große Eisvögel, die immer ein freundliches Grinsen um den Schnabel haben.

Elisabetta räkelt sich.

»Da siehst du es«, meint sie, »sogar die Kookaburras lachen dich aus. Hierbleiben, für immer! Ich habe noch nie gesagt, daß ich irgendwo für immer bleiben möchte. Du mit deiner deutschen Seßhaftigkeit!«

Ich lernte Elisabetta auf dem Lehrerkongreß in Perth kennen. Eine kleine, blasse Frau mit hellen Augen und einem schwarzen Haarhelm auf dem Kopf. Elisabetta sprach perfekt Deutsch, allerdings mit einem harten, ungewöhnlichen Akzent. Sie strahlte so etwas wie resignierten Trotz aus. Später erfuhr ich, daß Elisabettas Eltern Deutsche waren, die nach dem Krieg in Argentinien eine neue Zukunft gesucht hatten. In ihrer Geburtsurkunde steht Elisabetta Baumann, denn deutsche Vornamen waren verboten. Elisabetta kam in Buenos Aires zur Welt, umgeben von heimwehkranken Verwandten. Sie weiß bis heute nicht, ob ihre Familie zu eng mit den Nazis verbunden war, um in Deutschland bleiben zu können. Sie weiß nur, daß sich in Argentinien viele Ex-Nazis herumgetrieben haben.

Elisabetta wuchs zweisprachig auf, deutsch-spanisch, lebte in zwei Kulturen, hatte zwei Pässe, zwei Staatsangehörigkeiten, wußte als junges Mädchen nicht mehr, wer oder was sie eigentlich war. Sie begann ihre deutsche Abstammung zu hassen, weigerte sich, Deutsch zu lesen oder zu sprechen.

»In der Pubertät«, sagt sie, »gibt es einen Zeitpunkt, zu dem man eines sein muß; man kann nicht zweierlei sein, sonst ist man gar nichts!«

Nach dem Abitur wurde ihre innere Verwirrung noch schlimmer. Elisabetta versank in Depression. Heimlich suchte sie einen Therapeuten auf, verdiente sich durch Nachhilfeunterricht das Geld für die Sitzungen. Ihre Eltern durften nichts davon wissen. Therapie, das war für die Eltern gleichbedeutend mit »krank, verrückt«!

»Ohne diesen Therapeuten wäre ich vielleicht wirklich verrückt geworden«, sagt sie. »Er hat mir geholfen, mich soweit zu stabilisieren, daß ich eine Ausbildung zur Grundschullehrerin machen konnte, und er ermöglichte mir, auch gewisse Vorteile in meiner Zweiprachigkeit zu sehen. Aber es war trotzdem zuviel – Argentinien ist, wie Deutschland, eine schwierige Heimat. Weißt du, es ist gewalttätig und sehr arm. Ich wurde ein Jahr nach der Peron-Diktatur geboren und habe eigentlich nie eine Demokratie erlebt. Es war immer beängstigend, immer voller Militär, immer ein brutaler Kampf ums Überleben. Meine Eltern hatten finanziell zu kämpfen, und mir erging es nicht anders.«

Elisabetta wurde von den Eltern beim Studium nicht unterstützt. Sie hatte einen Vollzeitjob und ein Vollzeitstudium – gleichzeitig. Im letzten Studienjahr erlitt sie einen Nervenzusammenbruch, erholte sich mühsam, begann ein Psychologiestudium, gab Deutschunterricht, war Telex-Operator, Sekretärin, wußte nicht, wie es weitergehen sollte.

»Da fing ich plötzlich an zu suchen. Ich weiß nicht, wie ich es beschreiben soll ... Ich habe etwas gesucht ... so etwas wie eine Heimat vielleicht? Meinen Platz in diesem Chaos ...«

Elisabetta verließ Argentinien, ging mit einer Freundin nach Peru und schlug sich mit Privatunterricht bei den Reichen in Lima durch. Nie werde sie den Geruch von Fischöl vergessen, auch in den Häusern der bessergestellten Familien. Die ganze Stadt habe nach Fischöl gerochen, denn damit kochten alle. Peru war ihr fremd und roch. Elisabetta sparte sich ein Ticket in die USA zusammen, reiste mit einem Touristenvisum ein und blieb. Sie lebte als Illegale, arbeitete schwarz als Kellnerin, Babysitter, Putzfrau und Sekretärin in Miami. Nach zwei Jahren entging sie nur knapp der Deportation.

So blieb zunächst nur die ungeliebte, fremde zweite Heimat Deutschland. Sie hatte noch immer ihren deutschen Paß, und außerdem wollte sie nie mehr in einem Land bleiben, in dem sie nicht arbeiten durfte. »Ich wußte, wenn ich nach Argentinien zurückkehre, würde ich nie mehr rauskommen. Ich würde nie genug Geld zusammenbekommen, um weggehen zu könen. Die Inflation würde meinen Lohn auffressen, falls ich überhaupt Arbeit bekäme.«

Elisabetta reiste von Miami nach Rosenheim – mitten im Winter. Sie lacht.

»Ich meine, was soll ich dazu sagen? Der Kontrast war ziemlich groß. Rosenheim war nicht unbedingt das, was ich wollte!«

Elisabetta kam bei ihrer Schwester unter, die ebenfalls eine Heimat suchte und bei McDonald's jobbte. Elisabetta suchte Arbeit, fand nichts.

»Es ist so schwer, wenn man von außen in ein System reinkommt. Vor allem, wenn man ein bißchen hier und ein bißchen dort gearbeitet hat und auf nichts spezialisiert ist. In den USA, Argentinien und Australien ist es leichter, dort schätzt man diese Beweglichkeit sogar. Aber in Deutschland braucht man ein Zeugnis und eine Bescheinigung, daß man wirklich kann, was man kann!«

Elisabetta verließ Rosenheim und zog nach München, gab Sprachunterricht – Deutsch, Spanisch, Englisch –, schuftete bei Hertie in der Kantine, arbeitete von morgens acht bis abends acht. Sie wollte endlich zu Geld kommen, denn sie wußte bereits, daß sie nicht hierbleiben wollte. Deutschland blieb fremd und kalt. Etwas in ihr sei wie tot gewesen – das Licht fehlte. Der Himmel war so niedrig, die Welt so klein, die Menschen unfreundlich, gestreßt, mit zu vielen Menschen auf engem Raum eingepfercht. Elisabetta sparte, war einsam, kämpfte für ihren Traum, von dem sie nicht einmal wußte, wie er aussah. Aber sie wußte: Wer weg will, muß erst einmal Geld verdienen! Dann sah sie einen Diavortrag über Australien, einen zweiten und einen dritten, holte sich Informationen über den fernen Kontinent. Das Licht in Australien, das war es, was sie faszinierte, der weite Himmel …

Elisabetta stellte einen Einwanderungsantrag und wurde abgewiesen. Drei Jahre lang kämpfte sie um die Einwanderungsgenehmigung, bekam sie endlich, mußte nach Sydney, obwohl sie eigentlich nach Perth wollte. Jobbte für wenig Geld, geriet in Panik über die schlechten Zukunftsaussichten in Australien. Nur, der Himmel war tatsächlich weit und hoch, und meistens schien die Sonne. Das half, wenn auch nicht immer. Schließlich fand Elisabetta einen Job in Perth, zog wieder um – quer durch den Kontinent. Nach einem Jahr wurde ihr gekündigt, weil sie die gesetzlichen Sparprämien für ihre Arbeit verlangte.

»Hier kann man von einem Tag auf den anderen rausgeworfen werden«, sagt sie bitter. »Es gibt keinen gesicherten Arbeitsplatz. Man wird schlecht bezahlt und muß kuschen.«

Sie zog mit ihrem Freund Steven zusammen. Er war mit sechzehn aus England nach Australien gekommen. Sie machte eine Ausbildung zur Zahnarzthelferin, fand keine Anstellung. Er jobbte als Hilfsarbeiter. Sie heirateten.

Steven beschloß, Gartenbau zu studieren. Eine Schule aber gab es nur in Albany, ganz im Südwesten Australiens. So zogen sie nach Albany, mieteten die kleine Farm für 400 Dollar im Monat, ließen sich nieder. Er studierte, sie lernte den Umgang mit Computern, gab Sprachunterricht, half in Büros aus, versuchte per Internet Übersetzungsaufträge zu bekommen. Steven begann rund um das Farmhaus Gemüse anzubauen, Zuckererbsen, Zucchini, Auberginen, kleine Kürbisse, Salate, Kräuter. Außerdem sammelte er auf den Weiden trockenen Kuhdung und verkaufte ihn als Dünger – für 25 Dollar pro Sack. Das Leben blieb hart.

»Und die Suche, Elisabetta«, frage ich, »was ist aus deiner Suche geworden, aus deinem Traum?«

Sie schaut zu den riesigen Eukalyptusbäumen hinüber, die auf dem Hügel vor der Terrasse wachsen, und atmet tief durch.

»Es ist gut hier«, antwortet sie leise. »Es ist wahrscheinlich das beste Fleckchen Erde, das ich bisher gefunden habe. Kürzlich war ich auf einem Dolmetscherkongreß in Melbourne. Es war furchtbar – die vielen Menschen, der Dreck, die schlechte Luft. Aber ich weiß nicht, ob ich gefunden habe, was ich suche. Es ist so schwer zu überleben. Vielleicht gehen wird bald nach Norden, da werden immer Gärtner für die Pflanzungen gesucht. Vielleicht ist es dort besser …«

Am zweiten Tag kommen die Ameisen. Ganze Heerscharen, die aus einem winzigen Mauerloch unter dem Fenster hervorquellen und in geordneten Zügen durch die Küche marschieren. Sie haben verschiedene Ziele: den Tisch, auf dem wir ein paar Krümel, die Zuckerdose und etwas Obst zurückgelassen haben, den Kühlschrank, die Mülltüte. Schwarze, wimmelnde Straßen führen kreuz und quer über den Küchenboden, wir bewegen uns hüpfend, starren entsetzt in die wuselnde Zuckerdose, in den quicklebendigen Müllsack. Paul stellt empört fest, daß die Viecher sogar bis in ein fest verschraubtes Marmeladenglas im Kühlschrank vorgedrungen sind.

Seit zwei Tagen wohnen wir in Elisabettas und Stevens Gästehaus. Es besteht aus dicken Natursteinen und liegt hundert Meter vom Farmhaus entfernt.

»Paßt auf«, hatte Steven gesagt, »links vom Eingang, unter dem Fundament, wohnt eine Tigerschlange. Wenn ihr abends eure Stiefel rausstellt, dann schaut am Morgen gut nach, ob sie nicht zufällig in einem Stiefel übernachtet hat.«

»Wie nett«, hatte Paul geantwortet. »Tigerschlangen sind meine besonderen Lieblinge. Warum habt ihr sie nicht erschlagen?«

Steven blickte nachdenklich auf seine Schuhe und räusperte sich. »Sie war immerhin schon hier, bevor wir eingezogen sind. Es gibt noch eine zweite. Sie lebt irgendwo dicht beim Farmhaus. Elisabetta sieht sie öfter, wenn sie hinter dem Haus Wäsche aufhängt. Warum sollten wir sie umbringen? Wir respektieren sie und passen eben auf. Sie hat uns in den zwei Jahren, seit wir hier leben, noch nichts getan.«

»Hoffentlich respektiert sie euch auch«, murmelte Paul. »Tigerschlangen können verdammt unangenehm werden. Sie hauen nicht ab wie andere Schlangen, sondern greifen an. Und sie sind irre schnell. Mich hat mal eine angegriffen. Das Biest ist einen Meter hoch gesprungen, um mich zu beißen. Zum Glück hatte ich einen Spaten bei mir.«

Elisabetta zuckte die Achseln.

»Wir wohnen eine halbe Stunde vom nächsten Krankenhaus entfernt. Das reicht auf jeden Fall, wenn man von einer Tigerschlange gebissen wird. Wir wollen keine Tiere umbringen, die hier leben. Es könnte sich schlecht auf uns auswirken.«

»Tigerschlangen könnten sich ebenfalls schlecht auswirken«, knurrte Paul, »besonders wenn Steven auf dem Gemüseacker arbeitet.«

»Ich mache einfach immer viel Lärm, bevor ich jäte oder ernte. Falls jemals eine Schlange in meinem Gemüse gesteckt hat, habe ich jedenfalls nichts von ihr gesehen.«

»Mit Spinnen ist es etwas anders«, meinte Elisabetta ernst. »Giftige Spinnen im Haus erschlage ich. Das halte ich nicht aus. Sie könnten zu uns ins Bett kommen oder in die Kleider krabbeln. Bei Spinnen mache ich eine Ausnahme.«

»Soso«, grinste Paul, »und woher weißt du, welche Spinne giftig ist?«

Elisabetta lachte. »Auf dem Klo hängt eine Tafel mit Abbildungen von den Giftspinnen dieser Gegend. Ich schaue jedesmal nach, wenn ich eine finde.«

»Und wenn sie inzwischen weggekrabbelt sind?« fragte Paul boshaft.

»Bisher habe ich sie immer wiedergefunden!« Elisabetta zwinkerte ihm zu.

Von Ameisen haben sie nichts gesagt, denke ich angesichts der Kücheninvasion. Wir bewaffnen uns mit Besen und Schaufeln, fegen die Tierchen so behutsam wie möglich zusammen, dann werfen wir sie durch die Eingangstür nach draußen. Das Loch in der Mauer verstopfen wir mit feuchtem Pfeffer. Eine Stunde lang sind wir damit beschäftigt, Ameisen aus Toastpackungen, Käse, Butterdose, Honigtopf, Obst und sogar Kosmetika herauszuklauben. Den Müllsack bringen wir zur Sammelstelle bei der Garage. Es sieht so aus, als hätten wir die Angreifer zurückgeschlagen.

Erschöpft setzen wir uns auf die Stufen vor der Eingangstür. Ein Schwarm winziger blauer Zaunkönige läßt sich für Sekunden auf dem Zaun nieder, ist schon wieder weg, funkelt in der untergehenden Sonne. Sanfter, warmer Eukalyptusduft weht vom Wald herüber. Ein Kookaburra lacht und lacht. Es ist Heiligabend. Gleich werden wir zum Farmhaus hinübergehen, mit unseren Freunden Truthahn essen und Kerzen anzünden. In Deutschland schneit es.

Als wir nach Mitternacht in unser Gästehaus zurückkehren, sind die Ameisen wieder da. Millionen! Der Pfeffer hat sie offensichtlich besonders angeregt. Paul schließt sorgfältig die Küchentür und läßt sich aufs Bett fallen.

»Sollen sie doch machen, was sie wollen!« meint er. »Ich jedenfalls werde jetzt schlafen!«

Neben dem Lichtschalter sitzt eine Spinne. Nicht besonders groß, aber mit einem auffälligen weißen Punkt auf dem Hinterteil. Ich nehme die Taschenlampe, laufe ins Farmhaus zurück und sehe auf Elisabettas Spinnenposter nach. Es handelt sich eindeutig um einen Whitetailspider, und der ist giftig. Bei meiner Rückkehr sitzt er noch immer neben dem Lichtschalter. Vorsichtig hole ich mit einer Zeitschrift aus und schlage zu. Ein kleiner Fleck an der Wand bleibt zurück.

Paul hat mir nachdenklich zugesehen. Jetzt erhebt er sich seufzend, nimmt meine Taschenlampe und beginnt das Schlafzimmer nach weiteren kleinen Mitbewohnern abzusuchen: die Wände, die Decke, die Fenstersimse, das Bett.

»Fröhliche Weihnachten«, sage ich. »Wer von uns macht morgen früh freiwillig Tee?«

»Ich nicht«, grinst Paul. »Es könnte immerhin sein, daß der erste, der die Küche betritt, sofort aufgefressen wird, weil dort fünf Milliarden Ameisen lauern.«

Endlich stellt er seine Spinnensuche ein und knipst die Taschenlampe aus. Durchs Fenster, links vom Bett, sehen wir auf den Sternenhimmel. In diesem kleinen viereckigen Himmelsausschnitt scheint es mehr Sterne zu geben, als ich in Europa jemals gesehen habe. Wir schlafen wenig in dieser Nacht, der Sterne wegen, ein ganz kleines bißchen aber auch wegen der Spinnen, die wir zu hören meinen, obwohl Spinnen wohl die lautlosesten Tiere sind, die man sich denken kann. Nachts aber schwellen die leisesten Geräusche an, kriechen Geister, Schlangen und Ungeheuer aus ihren Winkeln, nicht nur für Kinder. Wir Menschen sind keine Nachttiere, unsere Sinne sind kaum tauglich für die Dunkelheit – wir sehen nichts, hören zuviel und haben eine Menge Phantasie ...

Irgendwann muß ich doch eingeschlafen sein – lautes Fluchen und Geplätscher weckt mich. Ich fahre hoch, die Sonne scheint mir genau ins Gesicht – einen Augenblick lang weiß ich nicht, wo ich bin.

Der Lärm kommt aus der Küche. Paul taucht in der Tür auf, in Unterhose und Stiefeln, mit wildem Gesicht und einem Eimer in der Hand.

»Ich werde sie alle ertränken!« stößt er grimmig hervor. »Und wenn ich das ganze Haus unter Wasser setzen muß. Komm her, sieh dir das an!«

Ich springe aus dem Bett und laufe zur Tür. Die Küche ist schwarz von Ameisen, schwimmenden Ameisen, denn der Boden ist bereits mit Wasser bedeckt. Zwei Stunden lang wischen wir gemeinsam Ameisen auf. Anschließend verteilen wir Zucker, Obst und Honig auf dem Felsen hinter der Küche. Danach ist die Schlacht endlich gewonnen. Die nicht versiegenden Heereszüge haben offenbar neue Anweisungen ausgegeben und sammeln sich jetzt auf dem Felsen.

Steven lacht, als wir ihm von unseren Nöten erzählen. »Das liegt nur daran, daß es in letzter Zeit ziemlich viel geregnet hat. Das ist ungewöhnlich im Sommer. Sie sind hungrig, die Ameisen, weil sie ihren Bau nicht verlassen konnten. In ein paar Tagen wären sie ohnehin weggeblieben, denn jetzt ist es wieder trocken. Obwohl...«, er kratzt sich hinterm Ohr, » ... manchmal bleiben sie auch.«

Ich arbeite mit Steven im Gemüsegarten. Wir pflücken Zuckererbsen. Schweiß rinnt mir die Arme hinab, sammelt sich in den Handschuhen. Von irgendwoher klingen die seltsam abgewürgten Warnrufe von Perlhühnern.

Steven richtet sich auf, lüftet seinen Lederhut.

»Die gehören eigentlich uns«, sagt er nachdenklich.

Steven wirkt ständig nachdenklich. Nur manchmal blitzen unverhofft seine dunkelblauen Augen auf, und er lacht. Im Gegensatz zu Elisabetta macht er einen resignierten Eindruck, als hätte er nicht viel Hoffnung, daß sich die Situation bessern könnte.

»Wer gehört euch?« frage ich.

»Na, die Perlhühner! Wir haben sie aufgezogen. Aber irgendwann haben sie beschlossen wegzugehen. Bis heute sind sie nicht zurückgekommen. Es sind mindestens zehn Stück. Wir haben versucht, sie mit Futter anzulocken. Aber sie kommen nicht. Wir hören sie, aber wir sehen sie nicht.«

»Und die Schafe? Hattet ihr nicht mal Schafe?«

»Die haben wir wieder verkauft. Sie machen einfach zuviel Arbeit. Man muß sie andauernd gegen Würmer behandeln. Wir haben uns das einfacher vorgestellt, als es ist.« Steven setzt seinen Hut wieder auf und beugt sich zu den Erbsenstauden hinunter. Wir füllen Eimer um Eimer.

»Weißt du, man muß ein Schaf nach dem anderen auf den Rücken werfen und festhalten, und der andere spritzt ihm das Zeug ins Maul. War einfach zu schwer, diese Arbeit. Ich habe noch heute Narben davon. Die Viecher sind kräftig.«

»Lebst du gern hier, Steven?« frage ich.

Er antwortet nicht, und ich glaube schon, daß er mich nicht gehört hat.

»Schlecht ist es nicht«, murmelt er plötzlich, »aber vielleicht ist es auch nicht das Richtige. Ich weiß nicht genau. Es ist schwierig. Manchmal verdammt einsam hier draußen. Nur Elisabetta und ich. Der Fernseher ist alt, manchmal geht er nicht. Und das Geld ist immer knapp.«

»Arbeitest du gern im Garten?«

Steven strahlt mich mit seinen blauen Augen an und nickt.

»Das ist in Ordnung. Aber die Preise sind schlecht. Ich kann auch nicht die Mengen liefern, die von den Supermärkten gefragt sind. Ein Zubrot, mehr nicht. Im Sommer haben wir Probleme mit dem Wasser. Im Winter schwemmt es manchmal die Saat weg. Ein verrücktes Land.« Steven beugt sich tiefer über seine Zuckererbsen. Ich ziehe die Handschuhe aus und werfe sie hin. Soll mich doch eine Spinne beißen! Handschuhe und Feldarbeit passen einfach nicht zusammen. Ich habe kein Gefühl für die Pflanzen, wenn ich sie nicht auf der Haut spüren kann. Außerdem ist es zu heiß, um Handschuhe zu tragen.

Steven arbeitet ebenfalls mit bloßen Händen. Es war Elisabettas Empfehlung, mit Handschuhen zu pflücken. Der Spinnen wegen, die sie fürchtet.

Mit den Zuckererbsen sind wir fertig. Ich jäte das Salatbeet, grabe ein neues Stück Erde um. Die Sonne steht hoch.

»Wir sollten was trinken«, meint Steven. »Es ist zu heiß zum Arbeiten.«

Wir gehen zum Haus zurück, naß von Schweiß, durstig. Elisabetta füllt auf der Terrasse Zuckererbsen in Holzkistchen. Aus dem Wohnzimmer klingen südamerikanische Lieder. Elisabetta summt mit, während sie arbeitet.

»Heimweh?« frage ich und lasse mich auf die Stufen zur Küche plumpsen.

Elisabetta sieht mich scharf an.

»Klar«, sagt sie knapp.

Elisabetta und Steven stehen vor dem Farmhaus, als wir am Silvestertag aufbrechen.

»Du wolltest doch für immer bleiben«, sagt Elisabetta, zupft einen Strohhalm von ihrer Hose.

»Will ich eigentlich auch«, antworte ich.

Und es ist wahr, denn diese kleine Farm zwischen den sanften Hügeln des Südwestens ist ein Ort zum Bleiben. Ein Flecken Erde, wie ich ihn mir in Europa erträumt habe – trotz Ameisen, Spinnen und Tigerschlangen. Man kann das Meer riechen und gleichzeitig die Eukalyptuswälder. Der Felsen hinter dem Gästehaus ist ein Ort der Stille. Ich mag die Arbeit im Gemüsegarten und das unverschämte Lachen der Kookaburras, das Flöten der Krähen und den weiten Himmel. Und ich bin traurig, daß ich nicht bleiben kann. Vor uns liegen noch 9500 Kilometer. Wohin wollen wir eigentlich? Plötzlich ist es mir nicht mehr klar. Fast möchte ich alle Pläne umwerfen, mich einfach hier niederlassen.

Doch Paul hat das Auto schon angelassen. Ob die Aborigines auch traurig waren, wenn sie einen guten Lagerplatz verlassen mußten? Ob sie immer gern zu einem Walkabout aufbrachen, jenem plötzlichen Impuls zum Weiterwandern folgten, der ihre weißen Bosse zur Verzweiflung trieb, weil sie die Arbeit fallenließen und einfach verschwanden?

»Schade«, sagt Steven. »Schade, daß ihr schon weiterfahren wollt.«

Elisabetta sagt nichts. Sie drückt mich fest an sich. »Wir sehen uns wieder, irgendwann«, flüstert sie. »Paßt auf euch auf!«

Die beiden winken, während unser kleiner Wagen über den schmalen Feldweg davonrollt. Ich wäre gern herausgesprungen und zurückgelaufen. Blaue und weiße Lilien wachsen zwischen den Bäumen am Weg. Steven hat mir erklärt, daß sie gar nicht hierher gehören. Es sind Schmucklilien (*Agapanthus umbellatus*), ein Mitbringsel der Engländer. Tränen laufen über mein Gesicht.

»Ihr Europäer«, sagt Paul und reicht mir ein Taschentuch. »Ihr wollt immer bleiben. Aber man muß immer weiter, man man darf nicht stehenbleiben. Das Leben ist ein Fluß. Du mußt schwimmen!«

Wir fahren nach Albany, kaufen Zeitungen, Obst und haltbare Milch. Noch befinden wir uns beinahe in der Zivilisation. Doch gleich hinter Albany begegnen wir wieder einem Hinweis auf das Nomadentum. An der Straße nach Esperance entdecken wir einen Gebrauchthäuser-Händler. Auf einem riesigen Gelände stehen eine Menge halber Häuser herum, einfach durchgetrennt, weil sie sich dann besser transportieren lassen. Wir schauen in halbe Wohnzimmer, halbe Küchen. Es sind Wegwerfhäuser auf Eisenstelzen, Schachteln aus Holz, Plastik und Wellblech. Wenn man einen Standplatz hat, kann man so ein gebrauchtes Haus kaufen – für wenig Geld, 5 000 bis 8 000 Dollar. Ein Hund bellt. Irgendwo hinter den Häuserhälften wohnt der Kleinunternehmer in einem gebrauchten Haus. Es ist Sonntag, wir wollen ihn nicht stören.

Wir fahren Richtung Esperance. Die Bäume werden weniger, das Land noch weiter, der Boden härter, trockener. Farmland, schutzlos der gnadenlosen Sonne ausgesetzt, dem ständigen Wind, der die Erde abträgt, bis nichts mehr von ihr übrigbleibt – irgendwann, vielleicht bald. In den kleinen Landstädtchen hängen große Plakate, die Silvesterparties ankündigen.

In der Silvesternacht gehe es in Australien schlimm zu, sagt Paul, das sei ein Anlaß, total über die Stränge zu hauen. Ich lese im *West Australian*, während wir auf dem Weg nach Hopetoun sind.

»Ärzte und Krankenschwestern sind empört über die Entscheidung der Behörden, dem Rottnest Island Hotel eine Genehmigung zum Alkoholausschank bis 6 Uhr morgens zu erteilen. Man rechnet damit, daß Tausende von Nachtschwärmern auf die Insel fahren werden, um die Gelegenheit zu nutzen, vier Stunden länger zu trinken. Der australische Ärzteverband und die Vereinigung der Krankenschwestern sind der Meinung, daß die verlängerte Ausschanklizenz die öffentliche Sicherheit und das empfindliche Ökosystem der Insel gefährden. Professor Con Michael sagte, bei den Ausflüglern werde es sich voraussichtlich meist um Jugendliche handeln, die Alkohol in irrwitzigen Mengen konsumieren würden, falls tatsächlich bis 6 Uhr morgens ausgeschenkt wird.«

Ich lese den Artikel noch einmal laut vor und frage Paul, ob er tatsächlich ernst gemeint sei.

»Natürlich ist er ernst gemeint!« antwortet er und wirft mir einen irritierten Seitenblick zu. »Du hast ja keine Ahnung, was hier los ist, wenn man die ganze Nacht lang trinken kann.«

»Ja, aber zu Hause oder bei Privatfesten können die Leute doch auch die ganze Nacht lang trinken!« antworte ich.

»Tun sie ja manchmal auch«, räumt Paul ein. »Aber wenn es offiziell erlaubt ist, brechen alle Dämme. Vor allem an Silvester. Das hat vielleicht was damit zu tun, daß Alkohol hier verboten ist. Vielleicht wird er dadurch so interessant. Aber willst du eigentlich ständig mit mir übers Saufen diskutieren?«

»Eigentlich nicht«, antworte ich, »aber hier ist das Saufen ein ständiges Thema. Das bin ich nicht gewohnt. Bei uns trinken die Leute zwar auch, aber es ist kein Thema.«

»Bei euch darf man ja auch trinken, wann man will und wo man will – das ist der Unterschied!« grinst Paul.

Er biegt von der Hauptstraße rechts ab. Ausgedörrter Busch

breitet sich aus, unterbrochen von vertrockneten Viehweiden. Hopetoun liegt am Ozean, ist schon vorüber, wenn man gerade glaubt, angekommen zu sein. Eine Häuserzeile an der Straße, zwei Geschäfte, eine Tankstelle, ein Fischrestaurant, das Hopetoun Hotel (!), das Meer und ein winziger Hafen für Yachten und zwei Fischerboote. Hopetoun war zwischen 1907 und 1931 der wichtigste Hafen dieser Region. Gold und Kupfer wurden mit einer Eisenbahnlinie aus dem Hinterland zu den Schiffen transportiert. Heute gibt es keine Eisenbahn mehr und keine Anlegestelle für große Schiffe. Hopetoun ist ein gottverlassenes Kaff am Rande des Fitzgerald River Nationalparks.

Rechts vom Hotel, im Busch, finden wir einen überfüllten Campingplatz. Wir fragen den Platzwart, woher um Himmels willen all die Leute kommen. Er reibt mit breiten Händen seine Brust, hebt erstaunt die Brauen.

»Wo die herkommen? Sie kommen von überall her – aus Albany, aus Perth, aus Raventhorpe. Die wollen heute abend ins Hotel, feiern. Heute nacht schläft hier niemand, das garantiere ich euch, Leute! Aber wer sich nicht benimmt, der fliegt bei mir raus, ist das klar?!«

»Aber sicher doch!« ruft Paul und stößt mich in die Rippen.

Wir zahlen zwölf Dollar und suchen einen Platz für unser Zelt – möglichst weit entfernt vom Ort des Geschehens. Neben uns steht nur noch ein Zelt. Ein paar ältere Leute schichten gerade Holz auf dem Feuerplatz auf. Sie grüßen freundlich herüber.

»Die sind heute nacht garantiert nicht laut!« meint Paul befriedigt.

Später fahren wir ins Dorf. Das Hotel ist bereits so überfüllt, daß niemand mehr hineinkommt. Wir versuchen es im Fischrestaurant.

»Es ist schwierig«, sagt der Kellner mit sorgenvoller Miene. »Wir haben nur zehn Tische, und die sind alle vorbestellt. Wenn Sie warten wollen. Sie können natürlich warten.« Er trägt Turnschuhe und eine abgewetzte Jeans. Sein Blick wandert verzweifelt über die zehn Tische.

Wir warten und trinken Weißwein an der Bar. Schon nach zehn Minuten bekommen wir unseren Tisch und mehr Weißwein. Auch die anderen Gäste trinken Wein und essen Brot. Wir warten alle auf den Fisch. Es dauert lang, der Kellner läuft verzweifelt hin und her, füllt die Brotkörbe, die Weinkaraffen. Wir warten eine Stunde auf den Fisch. Später stellt sich heraus, daß der Fischvorrat ausgegangen war. Der Koch mußte erst neuen Fisch besorgen. Macht nichts. An der Bar sitzt ein Mann, der aussieht wie Arthur Miller. Er trinkt Rotwein und liest Zeitung. Die Gäste ertragen ihren Hunger mit Humor und trösten den Kellner. Der Fisch ist frisch und wunderbar zubereitet. Als wir eine Rechnung mit Stempel verlangen, legt sich der Kellner bäuchlings über die Kühltruhe und angelt den Quittungsblock hervor. Seine Beine zappeln in der Luft. Gelächter bricht aus, als er endlich mit hochrotem Kopf wieder auftaucht.

Es ist eine Stunde vor Mitternacht. Im Hopetoun Hotel sind bereits zwei Fensterscheiben zu Bruch gegangen. Wir kehren in unser Zelt zurück, denn wir wollen früh am Morgen zum Nationalpark aufbrechen. Unsere Nachbarn sitzen friedlich um ihr Lagerfeuer.

Das neue Jahr beginnt still. Kein Feuerwerk, keine Knaller. Nur vereinzelte Rufe, Musikfetzen aus der Ferne. Feuerwerke sind in Australien verboten, der Brandgefahr wegen.

Wir stoßen mit einem Rest Rotwein an, rollen uns in unsere Schlafsäcke. Doch da beginnen unsere Nachbarn zu singen. Sie singen russische Volkslieder, erst leise, dann immer lauter. Die russische Seele ergießt sich in die australische Nacht, füllt sie bis zum Morgengrauen. Wir tun kein Auge zu.

Als ich zerschlagen und todmüde aus dem Zelt krieche, sitzt ein letzter, einsamer Russe singend vor dem glimmenden Feuer und brät ein Würstchen.

Mitten im Fitzgerald River Nationalpark liegt eine ausgetrocknete Lagune. Schwarze Mondlandschaft, zersprungener, geplatzter Schlamm, an der Oberfläche trocken, doch weich und tückisch, wenn man ihn betritt. Vogelfüße haben sich abgedrückt, Känguruhklauen. Aus dem schwarzen Boden erheben sich seltsame Skulpturen aus muschelbewachsenen Hölzern, die weiße Seetangbärte tragen. Weiße Knochenbäume säumen den toten See, Zahnfelsen. In der Ferne erheben sich blaue Berge. Am Ufer wachsen Pionierpflanzen, geradezu erschreckend üppig, blühen rot und gelb. Ameisen sausen zwischen den Blütenpolstern hin und her. Vögel rufen von den Hügeln herab. 143 Vogelarten leben in diesem Nationalpark.

Ich laufe in die Mitte der schwarzen Lagune hinaus, drehe mich langsam um mich selbst, spüre die riesige Fläche um mich herum, die Berge, die harte Sonne. Wenn ich meinen Hut absetze, wird mir schwindelig. Die Sonne ist zu stark.

Am Ufer der nächsten Lagune treffen wir einen jungen Mann, der uns Benzin abkaufen will. Wir überlassen ihm zehn Liter aus unserem Reservekanister für sein Motorrad. Eine ältere Frau im Trainingsanzug taucht zwischen den Bäumen auf.

»Gutes neues Jahr!« ruft sie. »Habt ihr zufällig ein bißchen Pfeffer dabei? Mir ist der Pfeffer ausgegangen!«

Paul kramt den Pfeffer aus unserer Haushaltskiste.

Montagnacht im »Hotel«

Die sündige Meile von Kalgoorlie

BUILDINGS
Kevron
1 HOUR PHOTOS
HAIR DESIGN
Coca-Cola
TRAHAIR'S
DELICATESSEN
INTERNATIONAL
GOURMET & SEAFOOD

PROPRIETORS
BRIAN & JOAN OSMETTI
ARDAGHS
WORKWEAR
EMBROIDERY
HELENS
HAIR SALON
LADIES & MENS HAIRSTYLISTS
PHONE 93 3340
MENSWEAR
ARDAGH BROS

Impressionen aus der
Hannan Street in Kalgoorlie

Im Pilbara

Goldmine bei Kalgoorlie

Auf dem Friedhof von Kalgoorlie

Nächste Seite: »Willi Willi« – Wirbelsturm im Busch

Die Geisterstadt Kookynie

Straße im Outback
Nächste Seite: Gewitterstimmung im Karijini-Nationalpark

»Noch was?« fragt er. »Wenn ich schon dabei bin.«

»Nein, nur Pfeffer, danke.« Sie lacht. »Gab es Schlägereien in Hopetoun. Immerhin war gestern Silvester!«

»Wir haben nichts mitbekommen«, antworte ich, »aber vor Mitternacht waren bereits zwei Fensterscheiben vom Hotel kaputt.«

»Ach, das ist ja gar nichts«, sagt die Frau. »Voriges Jahr haben sie die gesamte Einrichtung des Hotels zertrümmert.«

»Wohnen Sie hier draußen?« frage ich und komme mir ein wenig dumm vor.

»Na ja, nicht immer. Aber noch ein paar Wochen. Dann fahre ich wahrscheinlich Richtung Albany. Hier wird's zu heiß. In den Karriwäldern ist es schattig und kühl.«

»Sind Sie ganz allein hier draußen?« Ich komme mir noch dümmer vor.

»Aber natürlich, Herzchen«, antwortet sie und zwinkert Paul zu. »Wer sollte mich hier schon fressen. Vielleicht der junge Mann da mit seinem Motorrad? Oder die Ameisen, die Echsen und die Vögel? Es ist ganz friedlich hier, es gibt keine Schlägereien und keine Saufbolde. Nur Pfeffer gibt es leider nicht. Deshalb bin ich froh, daß ihr gekommen seid. Übrigens, habt ihr vielleicht eine Zeitung?«

Ich gebe ihr den *West Australian* von vorgestern. Sie bedankt sich und geht. Zwischen den Bäumen am Ufer steht neben einem Landrover ihr Zelt. Sie winkt uns noch einmal zu, dann setzt sie sich in einen Liegestuhl und beginnt die Zeitung zu lesen. Nach Hopetoun sind es ungefähr vierzig Kilometer.

»Würdest du ganz allein hier draußen leben wollen?« fragt mich Paul.

»Nein!« antworte ich mit Nachdruck. »Ich würde mich fürchten – vor Schlangen, Geistern und bösen Menschen!«

»Ich auch!« meint Paul.

Auf dem Weg nach Esperance. Landclearing – Hunderte von Kilometern kein Wald, kein Busch, kein Gestrüpp. Nackter Boden, der Erosion preisgegeben. Schafe, deren Fell vom Staub gelbrot gefärbt wurde. Sie sehen aus wie ein Teil der Erde, kleine Wollhügel auf den Hungerweiden. Goannas, große Echsen, sonnen sich mitten auf der Staubpiste. Wir fahren vorsichtig. Wenn unser Auto sich nähert, stellen sie sich zunächst tot, dann jedoch springen sie plötzlich auf und rasen mit erhobenem Schwanz davon. Goannas sind unglaublich schnell, sie gleichen verrückten Drachen, wenn sie über die Straße und die Sandhügel rennen.

Gegen Abend nähern wir uns Esperance, dem Traum-Urlaubsort vieler Westaustralier. Esperance liegt an einer der schönsten Buchten des Landes, mit schneeweißem Sandstrand, türkisfarbenem Wasser. Aber es ist so ordentlich und aufgeräumt, daß ich eine Gänsehaut bekomme. Die Campingplätze haben englischen Rasen, die Einfamilienhäuschen stehen in Reih und Glied – sogar Gartenzwerge gibt es!

Wir kaufen schnell ein paar Vorräte, Eis für unsere Kühlbox und flüchten Richtung Cape Le Grand Nationalpark am anderen Ende der riesigen Bucht. Die Landschaft hat sich verändert. Überall tauchen runde, abgeschliffene Berge auf. Die untergehende Sonne zaubert viele Ayers Rocks, und der Himmel ist so hoch, daß ich fürchte, die Erde könnte uns nicht mehr halten und wir könnten davonfliegen. Die Sonne färbt das Land rot, Bäume, Schilfbüschel, Felsen und Berge.

Der Cape Le Grand Nationalpark besteht aus einer Halbinsel, die sich weit in den Ozean hinausschiebt, eingefaßt von einer Perlenkette runder Inseln. Wir fahren bis ans Ende der Straße, erreichen mit dem letzten Licht den weißen Strand, einen einsamen Zeltplatz ohne Platzwart, finden eine geschützte Stelle zwischen Dünen und Meer, umgeben von niedrigem Gestrüpp. Es ist nicht einfach, das Zelt im Sand zu verankern. Heftiger Wind bläst vom Meer her, bläht die Zeltplanen auf, löscht unseren Gaskocher. Endlich sind wir draußen, haben die Zivilisation hinter uns gelassen, kämpfen mit dem Sturm um unser Abendessen.

Die Nacht wird kalt und feucht. Ich lege mich mit Rollkragenpullover und Trainingshose in den Schlafsack, obwohl der Tag so heiß war. Ich höre dem Wind zu, der unser Zelt beutelt, die Sonnenplane knattern läßt. Schlafe kaum. Im Morgengrauen schlüpfe ich aus dem Zelt, laufe zum Strand hinunter. Der Sand ist schneeweiß, knistert unter meinen Füßen. Das Wasser eiskalt – der Great Southern Ocean liegt nahe an der Antarktis. Ich schreie gegen die eisigen Wellen an, niemand kann mich hören. Es ist wunderbar, allein zu sein, ungestört brüllen zu können. Ich werfe mich in die Wellen, die Luft bleibt mir weg, dann gewöhnt sich mein Körper an die Kälte, beginnt zu genießen. Ich schwimme unter dem hohen, rosigen Himmel, lege mich auf den Rücken. Die Welt sieht aus, als hätte sie mehr als drei Dimensionen, ist unendlich über den schwappenden blaugrünen Wellenbergen. Endlich halte ich die Kälte nicht mehr aus, lasse mich ans Ufer schwemmen, krieche auf allen vieren in den kalten Wind hinaus, rapple mich auf, renne los. Die Bucht ist so weit, kein Mensch.

Ich renne los. Alleinsein ist Luxus für uns Europäer. Wann kann man laut schreien, Selbstgespräche führen, fluchen, schimpfen, lachen – ohne Zuhörer? Jeder Schrei erstirbt, wenn plötzlich ein anderer Spaziergänger auftaucht, jedes Selbstgespräch weicht verlegenem Summen eines Schlagers oder einem Ruf nach dem Hund, so man einen hat. Aber ich bin der festen Überzeugung, daß Menschen manchmal schreien müssen, daß sie Selbstgespräche brauchen, laute! Das hat nichts mit Verrücktsein zu tun. Es ist ein Ausdruck der ureigensten Gefühle. Wer nicht manchmal schreien kann, erstickt. Es gibt genügend Gründe zu schreien: Schmerz, Wut, Verzweiflung, Lebenslust – oder einfach Lust!

An jenem Morgen habe ich gebrüllt, weil ich mich frei fühlte. Niemand hat es gehört außer ein paar Möwen, doch die fühlten sich nicht gestört.

Wir wandern in Richtung Hellfire Bay, tragen Rucksäcke mit Verpflegung, Wasserflaschen, Fotoausrüstung. Gleich hinter unserem Lagerplatz, rechts von der Straße, beginnt der Pfad, führt über riesige, flache Felsplatten hinauf in die Berge des Cape Le Grand Nationalparks. Der Regen und die Zeit haben die flachen Platten in Land-art verwandelt, schwarze und gelbe Ornamente gezeichnet, Rillen und Vertiefungen modelliert.

Und dann der Berg. Schon bei der Ankunft am Abend zuvor war er mir aufgefallen. Mehr als alle anderen Berge erinnerte er mich an die Traumzeit der Aborigines, denn er sah aus, als wollte er jeden Augenblick bersten, um einen der Ahnen freizugeben. Einen Weltgeist, der der Legende zufolge die Erde gesungen und damit zum Leben erweckt hat.

Wir umrunden den Berg, einen gewaltigen Schädel, der größtenteils in der Erde ruht. Nur Stirn, Augenhöhlen und Nasenansatz lugen hervor. Ein Totenkopf. Er schaut über das Land, wacht. Er ist einer der Ahnen, die aus der Erde hervorgebrochen sind, um Leben zu schaffen, und dann wieder müde niedersanken. Erstaunlich – während wir den Berg umrunden, folgen uns seine Augenhöhlen. Es sind immer zwei, sie lassen uns nicht los. Ich setze meine Schritte behutsam, um den heiligen Boden nicht zu stören. Und doch fühle ich mich beobachtet, frage mich, ob ich das Richtige tue.

Blaue Blüten leuchten in der Sonne auf, umschwirrt von Honigfressern, bunten Vögeln mit langen Schnäbeln. Wir kriechen unter den Büschen hindurch, die über den schmalen Pfad wachsen.

Das nächste Wunder: eine riesige Steinplatte, darauf seltsam angeordnete Steine. Ein heiliger Ort hoch über der Ebene, die sich nach Westen erstreckt ... Dahinter eine Quelle, ein flacher Teich, angelegt wie ein japanischer Garten. Das Wasser sucht sich seinen Weg über die glatten Felsen, schlängelt sich, wie im Traum der Regenbogenschlange.

Der Teich selbst liegt unter dem Schädelberg. Als ich vor ihm niederknie, um mit beiden Händen Wasser zu schöpfen und die Kraft dieses Ortes zu spüren, schaue ich direkt in die dunklen Augenhöhlen des alten Berges. Einer inneren Eingebung folgend, danke ich dem Geist des Berges für das Wasser und verspreche ihm, daß wir behutsam mit diesem Ort umgehen werden. Erst später habe ich erfahren, daß dies auch ein Ritual der Ureinwohner ist, wenn sie einen heiligen Ort betreten.

Die Augen des alten Berges folgen uns, während wir weiter über die Felsplatten wandern, dem Wasser ins Tal folgen. Der gegenüberliegende Berg gleicht einem Adlerkopf. Vielleicht ist er der Ahn des Adlertraums, aus dem alle Adler hervorgegangen sind?

In einem Waschsalon in Esperance haben wir unsere Kleider gewaschen. Naß nehmen wir sie mit auf die Fahrt nach Norden. Riesige Heuschrecken prasseln gegen die Windschutzscheibe. Es knallt und kracht. Gelbliche Fettflecke bleiben auf der Scheibe zurück, Beine, Flügel. Ich ducke mich vor der Flut der Insektenleiber. Paul hält an. Erzählt von Schwärmen, die so dicht sind, daß der Tag dunkel wird. Autos bleiben liegen, weil die Heuschrecken den Kühler verstopfen.

Im Autoradio die Nachrichten: Die Firma Sunraiser hat eine große Werbekampagne für australischen Cranberrysaft gestartet. Er sei besser als der importierte, und außerdem unterstütze, wer ihn kaufe, die australische Wirtschaft. Nur leider stellte sich heraus, daß der Saft aus den USA importiert wurde. Ich habe zunehmend Mühe, das alte und das moderne Australien zusammenzubringen. Der Schädelberg verfolgt mich, seit ich ihn gesehen habe. Was haben Cranberrysaft und Schädelberge miteinander zu tun?

Vielleicht liegt es an der Hitze. Seit wir uns wieder nach Norden bewegen, ist es heiß geworden. Das Land ist flach und ausgedörrt. Hier in Australien beginne ich die alten Griechen zu verstehen, die davon überzeugt waren, daß die Erde eine Scheibe ist.

Wir halten in einem kleinen Ort namens Grasspatch. Er besteht aus einem riesigen Getreidespeicher, einem Kriegerdenkmal und einer *tavern*, einer Kneipe mit Tankstelle. Während Paul unsere alte Betsy volltankt, betrete ich die Kneipe, um kalte Getränke zu kaufen. Es ist so dunkel, daß ich einen Augenblick lang völlig blind bin, dann erkenne ich ein paar Männer am Tresen. Sie trinken Bier und starren mich schweigend an. Nach einer kleinen Ewigkeit macht der Wirt den Mund auf. »Heiß draußen, was?«

»Ziemlich«, antworte ich und lächle.

Damit ist die Konversation zunächst erschöpft. Nach einer Weile macht er einen neuen Anlauf:

»Wo geht's denn hin?«

»Kalgoorlie.«

»Da ist es noch heißer!« Der Wirt trinkt einen kräftigen Schluck aus seinem Bierglas und schaut bedeutungsvoll. Ich öffne den großen Kühlschrank und nehme zwei Wasserflaschen heraus.

»Macht Durst, das Wetter«, sagt der Wirt.

Die anderen Männer brummen zustimmend. Nachdem ich bezahlt habe und schon fast an der Tür bin, räuspert sich einer.

»War schon lang nicht mehr in Kalgoorlie. Esperance ist näher.«

Ich nicke ihm zu. Absolut nichts los in Grasspatch.

»Immer wenn du sehr hungrig bist, bemale dich mit Lehm. Es ist nicht gut, auf einer langen Pirsch den Hunger wachsen zu lassen und dann das Wallaby weghüpfen zu sehen, wenn es dich bemerkt. Das Problem heutzutage ist, daß die Alawa zu satt sind. Ein voller Bauch macht einen Mann sorglos, Hunger macht ihn zum Jäger.«[7]

DOUGLAS LOCKWOOD

Wir biegen links von der Hauptstraße ab, um zum Pique Charles Nationalpark zu fahren, folgen einer holprigen Schotterstraße durch schütteren Wald. Heißer Wind kommt durch die offenen Fenster. In der Ferne erhebt sich der Pique Charles aus der Ebene. Plötzlich verändert sich die Landschaft. Die Baumstämme sind schwarz verkohlt, das Laub hängt vergilbt und schlaff an den Ästen. Vor ein paar Monaten raste ein gewaltiger Buschbrand durch den Nationalpark. Die Ranger haben große Warnschilder aufgestellt: Vorsicht! Herabfallende Äste!

Inzwischen sind wir fünfzig Kilometer gefahren, der Berg ist gewachsen, steht direkt vor uns. Ein mit Felsbrocken übersäter Kegel. Wir sind zum erstenmal vollkommen allein in der Wildnis. Doch am Fuß des Berges entdecken wir einen Lagerplatz mit Klohäuschen – auch hier. Aber es gibt kein Wasser, keine Menschen. Wir bauen unser Zelt zwischen vergilbten Büschen auf, spannen die Wäscheleine, um endlich die feuchten Hemden und Hosen zu trocknen. Die Sonne steht schon tief, und die rote Erde ist hart wie Ziegel, gebrannt vom Buschfeuer. Wir haben unseren großen Hammer verloren, müssen die Heringe mit Felsbrocken festklopfen.

Der heiße Wind läßt die Wäsche flattern. Wir kochen Kartoffeln und Gemüse auf dem Gaskocher. Die Nacht bricht so schnell herein in Australien, kurz brennt der Himmel dunkelrot, dann ist er schon schwarzblau. Wir hören eine Kassette mit einem Beethoven-Klavierkonzert, nachdem Paul zunächst einen Walzer von Johann Strauss aufgelegt hatte. Aber es ging nicht. Walzer im Outback ist völlig unmöglich. Beethoven dagegen ist einigermaßen akzeptabel. Seine Dramatik paßt zur Landschaft.

Dicke Käfer knallen gegen die Campinglampe. Wir sitzen sehr klein und verloren im Lichtkegel, um uns unendliche Dunkelheit – kein Licht, kein Autogeräusch, kein Laut, als Beethoven verstummt. Der Pique Charles leuchtet schwarzsilbern im Mondschein. Doch dann lauschen wir plötzlich gespannt in die Dunkelheit, hören ein rhythmisches Klopfen, als schlüge jemand auf den harten Boden ein.

»Känguruhs oder Wallabies«, flüstert Paul. »Hörst du das Hopp-Hopp?«

Das Klopfen kommt näher, verstummt, beginnt von neuem.

»Komm, wir suchen sie«, sagt Paul leise und greift nach der Taschenlampe. Wir schleichen hinaus in den Busch, fort von unserem Lager. Paul knipst die Taschenlampe an und läßt das Licht über Büsche, Stämme und Felsbrocken wandern. Mein Herz klopft. Gespenstisch ist die nächtliche Wildnis. Der Lichtkegel zittert, sucht, bleibt endlich an zwei, vier großen Ohren hängen, an leuchtenden Augen: Wallabies, kleine graue Känguruhs! Sie starren uns eine kleine Ewigkeit lang an, reglos, nur ihre Nasen arbeiten heftig. Dann zucken ihre Köpfe, die Ohren wackeln, und schon sind sie auf und davon. Das dumpfe Hopp-Hopp wird leiser, verklingt in der Finsternis.

»Vielleicht mögen sie Beethoven«, sagt Paul, »vielleicht sind sie deshalb so nahe herangekommen. Skippies sind vorsichtig, aber auch sehr neugierig. Wenn wir Känguruhjäger wären, hätten wir vielleicht eins erwischt.«

»Ich bin froh, daß wir keine Känguruhjäger sind«, antworte ich und schaue zum Pique Charles hinauf.

Eine Weile noch streifen wir zwischen den Büschen umher, versuchen zu schleichen wie Aborigines. Doch immer wieder treten wir auf dürre Ästchen, die mit lautem Knacken unter unseren Stiefeln brechen. Ich bitte Paul, die Taschenlampe auszuschalten. Samtige Dunkelheit hüllt uns ein, und doch können wir die Weite der Ebene erahnen, die sich nach Osten öffnet und dort irgendwo in die Nullarbor-Wüste übergeht. Noch nie habe ich eine so unendliche Nacht erlebt. Ich bin froh, als ich den Schein unserer Campinglampe zwischen den Stämmen entdecke, ein winziges Fleckchen Heimat im Nichts. Warmer Wind weht von der Nullarbor-Wüste herüber. Zu früh, um schlafen zu gehen.

Wir kehren zum Zelt zurück, setzen uns auf die Campingstühle und löschen die Lampe. Die Sterne am Himmel sind groß und klar umrissen. Satelliten ziehen geschäftig ihre Bahn, erschreckend viele Satelliten. Ich lausche den Geräuschen der Nacht, weiß nicht, ob ich mich fürchte oder nicht. Eine Sternschnuppe zischt über den

Himmel. Paul beginnt leise von Außerirdischen und seltsamen Beobachtungen in den nächtlichen Räumen über Australien zu erzählen.

»Da gibt es zum Beispiel den Mount Magnet«, sagt er langsam. »Er liegt ungefähr 200 Kilometer von hier entfernt, zwischen Kalgoorlie und Perth. Dort haben die Leute äußerst merkwürdige Dinge beobachtet: helles Licht, das vom Himmel herabschwebte, Raumschiffe. Hier in Australien ist nachts eine Menge los. Viele Leute halten das für Spinnerei, aber wer so was selbst mal mitbekommen hat, wird nachdenklich.«

»Hast du mal so was erlebt?«

»Ja, einmal. Weiter im Norden, in der Nähe der Küste im Pilbara. Ich habe damals einen Truck gefahren und gerade eine Pause gemacht, irgendwo auf einem Parkplatz. Es waren auch noch andere Truckies da. Wir tranken kalte Cola, redeten ein bißchen und schauten einfach so in den Himmel. Und da sah ich diesen roten, leuchtenden Punkt, direkt über der Küste, vielleicht hundert Meter über dem Wasser. Nach einer Weile habe ich die anderen darauf aufmerksam gemacht. Wir haben den roten Punkt angeschaut und uns gefragt, was das wohl sein könnte. Nach ungefähr zehn Minuten fing das Ding an, sich zu bewegen, aber nicht langsam, sondern mit irrsinniger Geschwindigkeit. Es flog über den Himmel, nach rechts, kilometerweit in Zehntelsekunden, einfach wusch! und dann stand es wieder still. Wir wurden ziemlich aufgeregt und ließen den Punkt nicht aus den Augen, obwohl wir eigentlich alle weiterfahren mußten. Er war noch eine Stunde zu sehen, dann verblaßte er allmählich, als würde er sich von der Erde entfernen und ins All hinausfliegen. Ich werde das nie vergessen.«

»Könnte es nicht ein roter Scheinwerfer von einem Kriegsschiff gewesen sein?« frage ich.

»In der Gegend waren keine Kriegsschiffe«, antwortet Paul. »Ich habe mich bei der Marine erkundigt.«

»Und die amerikanische Seefunkstation in Exmouth?«

»Quatsch«, sagt er, »wir waren 400 Kilometer nördlich von Exmouth!«

Wir sitzen schweigend da und schauen in den Himmel. Ohne die Lichtquellen von Großstädten ist das Universum plötzlich greifbar, saugt den Betrachter an, wie ein Schwarzes Loch, das Sterne verschluckt. Ich beginne mich gegen diese saugende Kraft zu wehren, von der mir schwindlig wird, will ins Bett, in meinen Schlafsack, will das Zelt verschließen vor der Unendlichkeit. Denke, daß wir Europäer endlose Räume nicht mehr aushalten, obwohl wir von ihnen träumen, daß wir schnell zurück in die Geborgenheit wollen. Aber vielleicht gewöhne ich mich allmählich daran. Die Aborigines haben 50 000 Jahre mit diesen Räumen gelebt, sie mit Geistern und Ahnen bevölkert. Sie wußten damit umzugehen.

Wir kriechen ins Zelt.

»Hast du keine Angst hier draußen?« frage ich Paul.

»Wovor sollte ich denn Angst haben?« fragt er zurück.

»Weiß ich nicht. Vor Geistern, Überfällen, wilden Tieren ...«

»Hier gibt es garantiert nichts Gefährliches«, meint Paul beruhigend. »Nur ein paar Skippies, Schlangen und Sternschnuppen. Du kannst beruhigt schlafen.«

Ich schlafe trotzdem nicht besonders gut, lausche lange in die Nacht, höre Knistern, Klopfen, Schritte? Schlafe ein, wache wieder auf. Ein Zelt ist wie eine Falle. Man liegt in einem Kokon, kann nichts sehen, ist darauf angewiesen, daß die Umgebung freundlich ist, ist ausgesetzt in der Unendlichkeit, geschützt durch ein lächerliches Stückchen Stoff.

Ich schlafe ein, schrecke hoch – immer wieder, bis zum ersten

Morgenlicht. Dann endlich schlafe ich richtig ein. Menschen sind keine Nachttiere.

Während ich am nächsten Morgen das Zelt abbaue, entdecke ich auf Pauls Seite der Luftmatratze unseren Spaten.

»Was machst du denn nachts mit dem Spaten?« frage ich ihn lächelnd.

»Ach«, grinst er zurück, »ich wollte nur auf Nummer Sicher gehen. Man kann ja nie wissen, was sich da draußen herumtreibt.«

»Und ich dachte, du hättest keine Angst!«

»Hab ich auch nicht, wenn ich neben dem Spaten schlafe!«

Schwere Wolken hängen über dem Pique Charles. Ein paar Kilometer weiter regnet es schon, grauschwarze Nebel berühren fast den Boden. Wir geben unser Vorhaben auf, den Berg zu besteigen, und brechen nach Kalgoorlie auf, folgen einer unbefestigten Buschstraße, die uns laut Karte viele Kilometer erspart. Langsam arbeitet sich unsere Betsy auf dem feuchten Weg voran, durchpflügt tiefe Pfützen, schlittert auf rotem Matsch. Doch nach zwanzig Kilometern ist Schluß.

Ein riesiger Truck hängt schräg am Straßenrand. Vor ihm hat der Regen die Straße weggespült, ein tiefer Krater tut sich auf. Es gibt kein Durchkommen, weder für den Truck noch für uns. Der Fahrer macht sich mit einem Spaten am rechten Vorderrad seines festsitzenden Fahrzeugs zu schaffen.

»Ich hänge schon seit zwölf Stunden hier fest«, sagt er resigniert. »Müßte schon halb durch die Nullarbor sein. Expreßfracht!«

»Was machst du denn hier im Busch mit einer Expreßfracht?« fragt Paul.

»Ich wollte den Weg abkürzen. Hab ich früher schon oft gemacht. Diesmal hat's nicht funktioniert.«

»Aber hast du das Loch denn nicht gesehen? Immerhin ist es doch ziemlich groß!« Paul schüttelt ungläubig den Kopf.

»Mein Schwiegersohn war am Steuer. Er dachte, daß wir durchkommen. Ist einfach an der Seite reingefahren. Aber dann ging nichts mehr.« Der Truckfahrer wischt sich den Schweiß von der Stirn und lächelt verlegen. Er ist ein alter, erschöpfter Mann in Unterhemd und lehmverschmierter Hose.

»Und wie kommst du hier wieder raus?« fragt Paul.

»Mein Schwiegersohn ist mit dem Ranger los, um einen Traktor zu organisieren. Der Ranger war der erste, den wir über Funk gekriegt haben!«

»Hast du Wasser und genug zu essen?« fragt Paul.

»Ja, ich hab alles«, antwortet der alte Mann. »Muß eben abwarten, bis die uns rausziehen. Kann lange dauern. Schlecht fürs Geschäft. Der Truck gehört uns, das ist alles, was wir haben. Eigentlich müßten wir morgen in Melbourne sein. Aber das nicht mehr zu schaffen.«

Er zuckt die Achseln und lehnt seinen Spaten an den riesigen Reifen, der halb im Lehm versunken ist.

»Können wir wirklich nichts für Sie tun?« frage ich.

»Nein, nichts«, sagt der Alte. »Aber nett von euch, danke.«

Wir verabschieden uns und wünschen ihm viel Glück bei der Bergung des Trucks. Dann schlittern wir mit Betsy wieder zurück zur Hauptstraße. Unsere geniale Abkürzung hat uns sechzig Kilometer Umweg beschert.

Plötzlich sind die Regenwolken verschwunden, als hätte die

Sonne sie geschluckt. Der Himmel blendet, es wird heiß. Hatte nicht der Wirt in Grasspatch vorausgesagt, daß es in Kalgoorlie heißer werden würde? Die Wälder weichen zurück, hier und da ragen Fördertürme auf, rauchende, hohe Kamine stehen in der Landschaft. Wir nähern uns den Goldfeldern.

Der weiße Mann hat keine Träume,
er geht einen anderen Weg.
Der weiße Mann ist anders,
er meint, der Weg gehört ihm.
MUTA, MURINBATA-CLAN

Langsam biegen wir in die Hauptstraße von Kalgoorlie ein: Hannan Street, eine Fata Morgana, eine Kinokulisse. Viktorianische Paläste, rosarot, hellblau, Säulen, Schnörkel, Zuckerbäckerträume. Wir fahren die breite Straße entlang, sprachlos, kehren um, weil wir es kaum glauben können. Die Hannan Street ist so breit wie die Champs-Élysées. Ich weiß, die Kamelzüge, versuche mir die Kamele vorzustellen, einen arabischen Traum in viktorianischem Ambiente.

Vor 110 Jahren gab es Kalgoorlie noch nicht. Vor 110 Jahren suchten ein paar Prospektoren im Outback nach Mineralien, andere nach neuem Land für die Schafzucht. Dann fand Paddy Hannan, ein irischer Auswanderer, den legendären Klumpen Gold am Fuß des Mount Charlotte. Er und seine zwei Freunde waren klug genug, um schnellstens ihren Anspruch auf diese Fundstelle anzumelden, denn kurz darauf passierte, was überall auf der Welt passiert, wenn Gold gefunden wird: Ein Goldrausch brach aus! Traum und Rausch liegen nahe beieinander, sind sehr europäisch, weiß. Kein Aborigine hätte einen Goldrausch bekommen, denn Gold bedeutete den Ureinwohnern nichts. Gold ist kapitalistisch, materialistisch, bedeutet hier auf dieser Erde schnellen Reichtum – und dann?

Tausende strömten ins Outback Westaustraliens – aus dem Osten des Kontinents, aus Europa, Amerika. Afghanen mit ihren Kamelzügen hatten Hochkonjunktur, weil all diese Menschen mit Wasser und Nahrung versorgt werden mußten. Es gab nichts im Outback. Sogar Zwiebeln wurden in Dosen herbeigeschafft. Die gierigen Goldsucher lebten unter unvorstellbaren Bedingungen, starben wie die Fliegen an Typhus, Ruhr, Skorbut oder Unfällen in den Schürfstellen.

Doch die Umstände änderten sich schnell, denn immer mehr Gold wurde gefunden. Innerhalb von drei Jahren wuchs die Bevölkerung in den Goldfeldern von nahzu Null auf 180 000 im Jahr 1900 an. Mit Kalgoorlie-Boulder wurde eine Stadt aus dem Boden gestampft, mit Straßenbahn und elektrischem Licht. Eine Zeitung wurde gegründet, 44 Hotels boomten in Kalgoorlie und 35 in der Zwillingssiedlung Boulder. Prachtvolle Hotels mit langen Tresen – der längste war an die hundert Meter lang. Es gab drei Brauereien, sechs Banken und immerhin fünf Krankenhäuser. Bereits 1896 wurde Kalgoorlie durch eine Eisenbahnlinie mit Perth verbunden. Prostitution und Glücksspiel blühten, denn die Goldfelder waren eine Männerdomäne. In der Freizeit wurde gesoffen, geboxt und Football gespielt.

Die Goldsucher schwärmten Hunderte von Kilometern in alle Richtungen aus, überall entstanden große Hotels und kleine Städte – Wiluna war wohl die nördlichste, Laverton die östlichste. Gierige Maulwürfe gruben die Erde um, siebten Sand und Steine, holzten die Wälder ab.

Die gierigen Maulwürfe sind noch immer da, doch heute graben sie wesentlich effektiver, haben Dinosauriermaschinen erfunden, wühlen sich tiefer und tiefer in die Erde hinein, reißen riesige Wunden auf, Tagebau. Jedes Jahr wird der Erde Gold im Wert von drei Milliarden Dollar entrissen. Rote Staubwolken stehen am Himmel über den Goldminen. 26 000 Menschen leben heute in Kalgoorlie-Boulder, und sie verdienen gut am Gold.

In den zahlreichen Beschreibungen der glorreichen Geschichte der Goldfelder findet sich nicht ein einziger Satz über die Ureinwohner. Es scheint, als hätte es sie nie gegeben, als sei das Land öd und leer gewesen.

Ich suche ihre Spuren unter den hölzernen Arkaden der Hannan Street, stoße auf ein Schild: Aboriginal Art Shop. Ein winziger Laden im Hinterhof, die Fenster mit Zeitungspapier verhängt, die Tür verschlossen. Ich frage im Backpacker Hostel nebenan, wann der Laden geöffnet ist. »Der ist schon lange geschlossen«, sagt eine junge blonde Frau und stützt sich auf den Besen, mit dem sie gerade die Halle gefegt hat. »Keine Ahnung, weshalb«, fügt sie hinzu. »Ich hab schon mindestens ein Jahr lang niemanden mehr in dem Laden gesehen.« Sie zuckt die Achseln, Schweißflecke werden auf ihrem T-Shirt sichtbar.

Erschöpft rasten wir in einem Coffeeshop, essen Karottenkuchen und trinken Eiskaffee, 40 Grad im Schatten. Wir gehen weiter, verlassen die Hannan Street. Die Glanzseite der Goldgräberstadt bleibt hinter uns wie die Fassade eines Potemkinschen Dorfes. Hinter den verschnörkelten Hotels liegen schlampige Hinterhöfe, heruntergekommene Wohnbaracken für Minenarbeiter, zerfallene Hütten. Die Rückseite von Kalgoorlie erinnert daran, daß nicht alle hier reich geworden sind, daß viele Menschen ihre Träume, die Träume der Weißen, verloren haben; kein sagenhafter Claim tat sich vor ihnen auf, kein Riesennugget lag vor ihren Füßen.

Wir mieten einen Pastik-Wohncontainer auf dem Campingplatz, einen mit Klimaanlage. Kostet 45 Dollar pro Nacht, garantiert aber einen kühlen Schlaf. Danach machen wir uns wieder auf die Suche nach den Aborigines. Gegenüber dem Bahnhof, der auch Haltestation der legendären Indian Pacific Railway ist, leerstehende Häuser mit zerbrochenen Fenstern in einem Meer von Dosen, Flaschen, Müll. Schiefe Plastikstühle stehen unter einem zerzausten Eukalyptusbaum. Wir haben die ersten Aborigines von Kalgoorlie gefunden, zehn, fünfzehn zerlumpte Gestalten. Einige liegen am Boden, schlafen. Ein Hund bellt uns an, als wir anhalten. Ein Mann richtet sich auf, droht mit der Faust, als Paul seine Kamera auf das Haus richtet. Paul läßt die Kamera wieder sinken.

»Ich kann das einfach nicht«, sagt er leise. »Denen geht es so dreckig, da kann ich nicht mit meiner dicken Kamera ankommen und sie auch noch fotografieren. Es ist einfach nicht fair.«

Als vor 110 Jahren der Goldrausch ausbrach, bedeutete das gleichzeitig das Ende für die Aborigines dieser Gegend. Sie wurden vertrieben, verloren ihre Jagdgründe, hungerten, steckten sich mit den Krankheiten der Goldsucher an. Wenige sind übriggeblieben, haben sich weiter nach Norden zurückgezogen – nach Leonora, Wiluna und in das Reservat von Laverton.

Paul gibt Gas, fährt einfach weiter, will weg von den Elendsgestalten.

»Weißt du«, sagt er, »früher habe ich sie verachtet, wie fast alle weißen Australier die Abos verachten. Irgendwie hat sich das geändert. Jetzt schäme ich mich beinahe.«

Wir fahren ziellos herum, schweigen, fühlen uns nicht besonders gut. Stehen auf einmal vor dem Friedhof der Stadt, einem riesigen Friedhof. Schon wachsen die Schatten in der Abendsonne. Wir stellen Betsy ab und wandern durch die endlosen Gräberreihen. Wir sind allein. Niemand außer uns besucht an diesem Abend die Toten, deren Grabinschriften die Geschichte der Goldfelder erzählen. Unzählige Nationen sind vertreten: Österreicher, Chinesen, Deutsche, Engländer, Tschechen, Polen, Italiener – gestorben an Ruhr, Typhus, Lungenentzündung, an Unfällen in den Goldminen. Frauen sind dabei und viele kleine Kinder. Fast alle starben unglaublich jung, wurden nicht älter als fünfundzwanzig, höchstens fünfunddreißig. Starben weit weg von der Heimat, in einem glühendheißen, harten Land. Ihre Gräber sinken ein, als würden sie von einer Kraft im Erdinneren angesaugt. Große schwarze Ameisen hausen in überdimensionalen Löchern auf oder zwischen den Gräbern. Die Erde ist rot, der Rost auf den Metallkreuzen ist rot, sogar die Steine sind vom Staub rot eingefärbt. Zerbrochene, gläserne Schmuckschalen mit vergilbten Plastikblumen liegen umher, Keramiktäubchen, rührende Zeugnisse eines Gedenkens, das der Vergangenheit angehört, weil keine Angehörigen mehr da sind. Auf manchen Gräbern sind die Samenkapseln der Eukalyptusbäume aufgegangen, zufällig. Niemand reißt sie aus, niemand hebt die unzähligen Plastikblumen auf, die der Wind umherweht – nur zufällig bleiben sie auf einem der Grabhügel liegen oder fallen in einen der kleinen Krater.

Vier riesige Stämme wachsen aus einem Grab, das mit schmiedeeisernen Gittern umgeben ist. Die Stämme gleichen überdimensionalen Armen oder Schenkeln, die aus der Erde ragen, als würde ein Toter aufstehen und gegen seinen Tod protestieren oder als sei er in Gestalt eines Baumes wiedergeboren worden. Merkwürdigerweise haben die Stämme das Gitter nicht gesprengt, sind fein säuberlich in ihrer Umgrenzung geblieben.

Also gut, nehmen wir an, daß Mrs. Stokes recht hat, wenn sie meint, 98 Prozent der Prostituierten seien in der Vergangenheit körperlich, emotional oder sexuell mißbraucht worden und bräuchten eine Therapie. Aber Tatsache ist, daß diese Frauen, die 5 000 Dollar pro Woche verdienen, sie auslachen werden. Warum sollten sie eine »Behinderung« loswerden wollen, die derart profitabel ist?

LESERBRIEF, GOLDFIELD MAGAZINE

Die Sommernächte in Kalgoorlie sind fast unerträglich heiß. Asphalt und Steine speichern die Sonne. Die Hotels sind nur halb voll an diesem Abend, Montagabend, kein guter Tag zum Trinken. Getrunken wird bei den Minenarbeitern an Freitagen und Samstagen. Die kleine Stadt ist wie ausgestorben. Hin und wieder ein Auto, der Schatten eines Fußgängers. Es ist elf Uhr nachts, wir sind auf dem Weg zur »sündigen« Meile der Goldgräberstadt, zum einzigen Fleck in Westaustralien, wo Prostitution offiziell erlaubt ist. Die Hälfte der Bordelle liegt in tiefer Dunkelheit – montags geschlossen. An drei oder vier der flachen Schuppen aber hängen bunte Lämpchen, wie an Schrebergartenhäuschen, wenn eine Party gefeiert wird. Eine Budenstraße mit vielen Türen, die geradewegs in kleine Zimmer führen – die Mädchen sitzen und stehen herum, warten. Doch das Geschäft ist träge, Montagnacht eben.

Wir schleichen uns an, stellen das Stativ auf, fühlen uns wie Eindringlinge, Spione, Spanner. Ein paar Mädchen werden aufmerksam, die Türen klappen zu.

»So geht es nicht«, sage ich. »Wir müssen um Erlaubnis fragen.«

»Und wer soll fragen?« antwortet Paul.

»Du«, sage ich. »Die Mädchen wären wahrscheinlich ziemlich konsterniert, wenn ich auftauchen würde, um sie zu fragen. Du mußt gehen!«

»Du schickst mich in ein Bordell?« Paul ist entsetzt. »Wenn ich meinen Freunden erzähle, daß meine Frau mich in ein Bordell geschickt hat, halten die mich für verrückt!«

»Vergiß deinen verdammten australischen Puritanismus. Sie werden dich schon nicht vergewaltigen. Du brauchst einfach nur zu fragen, ob du ein paar Fotos machen darfst, sonst werden wir als nächstes von den Zuhältern verprügelt!«

»Also gut«, sagt Paul und breitet die Arme aus, »ich gehe. Aber auf deine Verantwortung!«

Zögernd überquert er die Straße, geht auf das bunte Häuschen zu, klopft an eine Tür, verschwindet. Zwei Autos fahren langsam auf und ab. Ich stehe neben Stativ und Kamera, fühle mich schutzlos. Was ist, wenn die Zuhälter kommen? Aber sie kommen nicht. In den Autos sitzen Freier, die offensichtlich nicht glauben können, daß alle Türen geschlossen sind.

Nach zwanzig Minuten kommt Paul zurück, lacht mir entgegen. »Du wirst es nicht glauben«, sagt er, »aber in diesem Schuppen ist eine piekfeine Bar. Die Puffmutter liegt auf dem Sofa und sieht fern. Sie hat mir einen Drink spendiert und dann alle Mädchen zusammengerufen. Nur eine ist bereit, sich vor das Haus zu stellen. Die anderen müssen Rücksicht auf ihre Familien nehmen. Nette Mädchen übrigens.«

»Aha«, sage ich. »Hast du Angebote bekommen?«

»Klar!« grinst er. »Die Puffmutter ist übrigens lesbisch, und die Mädchen haben gesagt, daß die Geschäfte in letzter Zeit nicht so besonders gut gehen. Anscheinend kommen mehr asiatische Touristen als Minenarbeiter, und häufig ist überhaupt nichts los.«

»Das tut mir aber leid«, antworte ich.

»Bist du eifersüchtig?«

»Wahnsinnig!«

Paul wartet auf das Mädchen, das sich fotografieren lassen will, doch die Türen bleiben geschlossen. Immerhin tauchen keine Zuhälter auf. Ein warmer Wind streicht durch die Straße und raschelt in den Eukalyptusbäumen. Paul macht ein paar Fotos und gibt schließlich auf. Vor einigen Wochen sei ein französisches Kamerateam hiergewesen, erzählt er. Da hätten die Mädchen ebenfalls alle Türen zugemacht.

Wir haben Durst, fahren zurück in die Hannan Street, auf der Suche nach einem kühlen Getränk. Die meisten Hotels sind schon geschlossen, nur an zwei Fassaden leuchtet noch die Neonreklame. Tiefe Schatten liegen unter den Arkaden, Nacht in Kalgoorlie. Nur eine kleine Gestalt nähert sich vom Ende der Straße, verschwindet im Schatten, taucht wieder auf, wird größer, schwankt, humpelt. Fast gleichzeitig erreichen wir das Hotel, in dem noch ausgeschenkt wird. Der Gehsteig vor dem Hotel ist hell erleuchtet, und jetzt erst sehen wir, daß es sich bei der Gestalt um eine junge Frau handelt. Ihr T-Shirt hat Blutflecken, ein Auge ist geschwollen. Sie kommt geradewegs auf uns zu, bleibt schwankend stehen, fährt sich verlegen durchs Haar.

»'tschuldigung«, murmelt sie. »Könnt ihr mir helfen? Ich bin betrunken. Spendiert ihr mir eine Cola? Ich muß ungedingt wieder nüchtern werden.«

Stöhnend setzt sie sich auf die Schwelle des Hoteleingangs und streift ihre Sandalen ab. Auch ihre Füße sind blutig.

»Ich hab mir Blasen gelaufen«, stellt sie traurig fest. »Deswegen tut es so weh. Ich bin seit zwei Stunden zu Fuß unterwegs. Hab mich mit meinem Freund gestritten. Er hat mich aus dem Auto geworfen und verprügelt.«

Sie hebt den Kopf und schaut uns verzweifelt an.

»Aber es ist mein Auto!« ruft sie. »Der Dreckskerl ist mit meinem Auto abgehauen, und außerdem hat er das ganze Geld und den Schlüssel für unseren Hänger auf dem Campingplatz!«

Rote Äderchen durchziehen ihre Augäpfel – vom Weinen und vom Alkohol.

»Ich hab solchen Durst«, flüstert sie. »Aber ich kann da nicht rein. Die würden mir nicht mal ein Glas Wasser geben, so wie ich aussehe.«

Paul zuckt die Achseln und geht ins Hotel.

»Ich hol uns allen kalte Cola«, sagt er.

Ich setze mich neben die junge Frau. Sie ist bestimmt nicht älter als achtzehn oder zwanzig.

»Wo kommst du denn her?« frage ich.

»Aus Perth«, schluchzt sie. »Wir wollten zusammen Urlaub machen. Eine Woche. Wir sind erst zwei Tage hier. Heute abend waren wir zum Barbecue eingeladen, bei entfernten Bekannten. Es wird immer so viel getrunken ...« Sie wirft trotzig ihre Haare nach hinten. »Aber ich hab ihn auch verprügelt, dieses Schwein!«

Paul kommt mit drei Dosen Cola zurück, öffnet eine für das Mädchen, hält sie ihr hin.

»Danke«, flüstert sie und trinkt gierig.

»Schon gut«, sagt Paul und öffnet seine Dose mit einem metallischen Klick. Eine winzige Nebelwolke steigt auf.

»Und was wirst du jetzt machen?« frage ich das Mädchen.

Sie steht langsam auf, torkelt gegen mich.

»Ich versuche, nüchtern zu werden. Cola ist ganz okay, wenn man besoffen ist.«

»Und wo willst du schlafen?« frage ich weiter.

»Ich gehe zum Campingplatz zurück. Irgendwann wird der Kerl schon wieder auftauchen. Vielleicht hat der Platzwart einen zweiten Schlüssel ...«

»Wir können dich hinfahren«, meint Paul und tritt unbehaglich von einem Bein aufs andere.

»Nein!« Sie schüttelt entschieden den Kopf, gerät aus dem Gleichgewicht, hält sich an mir fest. »Nein! Das will ich nicht. Ich will zu Fuß gehen. Davon krieg ich wieder einen klaren Kopf.«

»Und was ist mit den Blasen an deinen Füßen?« wende ich ein.

»Ich gehe barfuß. Macht euch keine Gedanken. Ich muß gehen. Ich muß meine Gedanken wieder zusammenkriegen! Jedenfalls danke für die Cola. Ohne euch wär ich wahrscheinlich gestorben. Ich hatte furchtbaren Durst!«

»Willst du noch eine?« fragt Paul.

»Nein, nein. Es reicht schon. Ich geh jetzt. Cheers und danke!«

Sie geht davon, schwankend, doch ein wenig aufrechter als zuvor. In der einen Hand die Sandalen, in der anderen die Coladose. Die Bedienungen des Hotels starren durchs Fenster. Sie tragen knappe Spitzen-BHs und so winzige Höschen, daß ich zweimal hinsehe, um mich zu vergewissern, daß sie nicht nackt sind. An der Bar sitzt nur noch ein Mann. Er kehrt uns den Rücken zu, ist über seinem Bier zusammengesunken.

Wir fahren zu unserem Plastikcontainer mit Klimaanlage zurück. Der Weg zum Campingplatz der jungen Frau ist weit. Ich schicke Paul zurück, bitte ihn, nach ihr Ausschau zu halten. Sie könnte überfallen werden. Ich warte auf den Stufen zu unserem Schlafcontainer, fürchte mich ein wenig in der sternenklaren Nacht, obwohl ich von Zelten und Wohnwagen umgeben bin.

Endlich kehrt Paul zurück.

»Sie wollte nicht, daß ich sie mitnehme«, sagt er müde. »Sie hat sich noch mal bedankt und läßt dich grüßen. Sie meint, sie wird es schon schaffen.«

Wir trinken noch eine Cola auf den Stufen unseres Containers.

»Weißt du«, fügt Paul nach einer Weile hinzu, »das mit dem Mädchen ist ein allgemeines Problem in Australien. Die jungen

Leute trinken wie die Wahnsinnigen, und dann fangen sie an, sich zu prügeln. Es ist traurig. Und das Schlimme ist, daß die Mädchen genausoviel trinken wie die Jungs.«

Ich sitze unter dem Vordach einer Imbißstube, die sich »Paddy Hannan slept here« nennt. Die kleine Kneipe steht in Coolgardie, ein paar Kilometer von Kalgoorlie entfernt. Auch Coolgardie war einst ein Zentrum des Goldrausches, doch das ist lange her. Es gibt ein Museum über die glorreiche Zeit, in dem die Überbleibsel der ersten Goldsucher liebevoll zusammengetragen wurden: Werkzeug, Zelte, Tassen und Geschirr, vergilbte Fotos und vergilbte Zeitungen von der Jahrhundertwende. Erstaunliche Geschichten kann man da nachlesen. Es gab zum Beispiel einen protestantischen Pfarrer in Coolgardie, der immer zu Fuß nach Kalgoorlie ging, um die Armen zu besuchen. Das sind immerhin vierzig Kilometer bei glühender Hitze. Nebenbei verdiente er Geld für die Armen, indem er Boxkämpfe austrug. Meistens gewann er! Ein reicher Minenbesitzer spendete ihm Geld für die Kutschfahrten nach Kalgoorlie, doch er gab den gesamten Betrag einer jungen Frau, deren Kinder an Typhus erkrankt waren.

Im Freilichtmuseum kann man allerlei rostiges Gerät aus der frühen Goldgräberzeit sehen. Unkraut wuchert dazwischen, Spinnen haben ihre Netze gewebt. Eine Gestalt aber steht aufrecht, schwarz, einem Außerirdischen ähnlich oder einem obskuren Ritter: Ned Kelly, der schrecklichste aller Banditen in der Zeit des Goldrausches. Er trug stets einen schwarzen Helm und mordete gnadenlos.

Natürlich war er Ire, einer, der seinen Haß auf die Engländer wild auslebte. Allerdings wurde er nach ein paar Jahren gefaßt und aufgeknüpft. Doch hier in Coolgardie steht er noch immer, mit dem Gewehr im Anschlag.

Die Durchfahrtsstraße ist breit wie eine Autobahn. Roadtrains donnern mitten durch das Städtchen, Riesenlaster mit drei Anhängern. Manchmal hält einer mit laufendem Motor. Der Fahrer holt sich schnell ein Hühnchen, einen Hot dog oder was Kaltes zu trinken. Ein paar Kinder kommen vorbei, essen Chips, trinken Limonade und rauchen Schokoladezigaretten. Dann ist es wieder still, nur ein Papagei schreit. Leichter Wind macht die Hitze halbwegs erträglich. Die Schatten sind kurz und scharf umrissen, Mittagszeit, ein Kühlschrank brummt. Ist hier tatsächlich jemals etwas losgewesen? Und was ist heute los – außer den Roadtrains, denen ich vom Beginn der Straße bis zum Ende mit den Augen folge. Sie sind erst klein, werden dann riesig und laut, streifen mich mit einem scharfen, heißen Windstoß, werden kleiner, verschwinden. Ich überlasse mich der Hitze, meine Augen sind halb geschlossen, ich fühle mich wohlig schlaff und doch neugierig. Welches Auto wird anhalten? Wer wird aussteigen, was wird er einkaufen? Eigentlich spielt es keine Rolle, doch ich gerate seltsam ins Treiben, überlasse mich den kleinen Ereignissen: Ein Aborigine-Kind mit Fahrradhelm kommt auf einem Mountainbike vorüber, gefolgt von einer kleinen Hündin. Am Horizont stehen rote Staubwolken, aufgewirbelt von goldgrabenden Monstermaschinen und Sprengungen, deren dumpfen Knall ich hin und wieder aus der Ferne höre.

Drei Motorradfahrer mit langen, wehenden Haaren donnern auf schwarzen Harleys vorüber. Träge verjage ich Fliegen, die ständig in meine Augen, Nasenlöcher und Mundwinkel kriechen wollen. Es wird heißer, alle Bewegungen werden langsamer. Aborigines steigen aus einem großen Landcruiser, kaufen Chips, Cola und Eiscreme. Sie sehen mich nicht an. Tauben dösen im Giebel des Rathauses auf der anderen Straßenseite.

Ich warte auf Shyama Peebles. Ihr Häuschen liegt nur wenige Schritte von »Paddy Hannan slept here« entfernt. Wir haben das Haus sofort gefunden, dank seiner Besonderheit, einem geradezu englischen Blumengarten. Sonnenblumen, Gladiolen, Margeriten, Phlox, Rittersporn wachsen wild durcheinander. Es war der einzige üppig blühende Garten, den ich in Australien je gesehen habe. Shyama war nicht zu Hause, als wir vor zwei Stunden an ihre Gartenpforte klopften. Nur ein riesiger schottischer Deerhound erhob sich von der Veranda und bellte zweimal.

Im *Kalgoorlie Miner*, der größten Tageszeitung in den Goldfeldern, haben wir gelesen, daß Shyama Peebles den westaustralischen Umweltpreis bekommen hat. Sie wurde für ihren Kampf gegen eine Deponie für radioaktiven Müll am Fuß des Mount Walton geehrt, für ihren Einsatz gegen die Luftverschmutzung im Golddistrikt, für die Forderung nach Begrünung der erschöpften Abbaugebiete. Wir haben ihr Bild in der Zeitung gesehen und wollen sie kennenlernen.

Zwei Stunden sitzen wir vor der Imbißstube, dann endlich hält ein rostiger Landrover vor Shyamas Haus. Wir geben ihr Zeit, nach Hause zu kommen, warten noch eine halbe Stunde. Die Schatten werden wieder länger. Langsam gehen wir zu dem alten Haus mit dem herrlichen Garten hinüber. Wir müssen rufen, denn offensichtlich funktioniert die Klingel nicht. Der Deerhound steht hinter dem Gartentor. Diesmal bellt er nicht, sondern beobachtet uns. Doch jetzt rast ein kleiner Hund den Gartenweg entlang, gefolgt von einer schwarzweißen Katze. Und dann erscheint Shyama, schirmt ihre Augen mit einer Hand ab, geht langsam auf uns zu. Eine große, rothaarige Frau um die Fünfzig mit ausgeprägt schottischen Gesichtszügen und Unmengen Sommersprossen. Sie bittet uns sofort herein, nachdem wir ihr ein wenig unbeholfen erklärt haben, warum wir sie sehen wollen. In Australien ist das Leben wirklich unkomplizierter. Sie stellt uns den Riesenhund Samuel vor, der sich als außerordentlich freundlich erweist, den kleinen Tuppence und einen dritten Hund namens Buster. Ganz zuletzt kommt ihr Lebensgefährte, der in einer Hängematte Siesta gehalten hat. Ein hagerer Mann mit grauem Bart und traurigen Augen. Er sei Goldsucher, der selbständig arbeite, erklärt Shyama.

»Ein hartes Brot«, fügt sie hinzu, »denn gegen die großen Konzerne hat man kaum eine Chance. Man kann höchstens einen größeren Fund gewinnbringend an die verkaufen. Selbst schürfen ist heutzutage unmöglich.«

Zusammen mit ihrem Freund hat sie eine Gesellschaft gegründet, die den witzig klingenden Namen »Feeblefeetzer« trägt, denn, so meint sie, es lasse sich immerhin besser gegen die Großen antreten, wenn man eine eigene Firma habe.

Shyama lacht und breitet die Arme aus.

»Es ist alles nicht mehr so leicht, wenn man älter wird«, sagt sie. »Ich bin nicht mehr so gesund und schlank wie früher, aber ich kann immer noch neue Projekte in Angriff nehmen. Man muß das Leben voll ausschöpfen, bis es nicht mehr weitergeht, dann hat man genug getan.«

Shyama quillt über von Geschichten und Informationen. Erst will sie uns ihr Haus zeigen. Es steht voller antiker Möbel, die kaum zu sehen sind, weil Berge von Zeitschriften, Infoblättern, Briefen darauf liegen. Selbst der Boden im Arbeits- und im Wohnzimmer ist mit Papieren bedeckt. Im Hinterhof hängt ein großer Käfig, die Behausung von Gina, einem Rosakakadu, der klassische Musik liebt.

Das Nebengebäude, fast so groß wie das Wohnhaus, wird gerade renoviert – von Shyama und ihrem Freund. Handwerker können sie sich nicht leisten. Hier soll das Büro der Firma »Feeblefeetzer« entstehen. Shyama kocht Tee, räumt zwei Stühle frei, setzt sich endlich. Es ist fast unerträglich heiß in ihrem Arbeitszimmer. Der Tee ist ebenfalls heiß. Mir bricht der Schweiß aus allen Poren.

Shyama seufzt und wischt sich die Stirn. »Ein heißes Land«, sagt sie, »aber nun bin ich hier, und ich halte es aus.«

Dann erzählt sie von dem einzigen Versuchsreaktor Australiens, bei Sydney, von den Plänen der Regierung, den radioaktiven Müll am Fuß des Mount Walton zu verscharren.

»6 000 Tonnen pro Jahr in Plastikbehältern!« sagt sie empört. »Und die Leute hier sind erst darauf aufmerksam geworden, als ich Krach geschlagen habe! Wahrscheinlich habe ich diese Eigenschaft von meinem Vater geerbt. Er war Gewerkschaftssekretär in Schottland.«

Shyama ist eine echte Traumsucherin. Geboren wurde sie in Schottland, mit siebzehn heiratete sie einen Seemann, mit achtzehn war sie geschieden, machte eine Ausbildung als Krankenschwester, fand es aber einträglicher, in Nachtclubs zu tanzen. Dann ging sie nach London, jobbte als Kellnerin im Unterhaus, lernte unzählige Studenten aus Australien und dem ehemaligen Rhodesien kennen – die Welt begann, weit zu werden. Sie heiratete einen Australier und folgte ihm in seine Heimat. Zusammen betrieben sie eine Farm im westaustralischen Hinterland, übernahmen später die Leitung eines Roadhauses, einer Raststätte an der Straße, und bekamen drei Kinder. Irgendwann trennte sich Shyama von ihrem Mann und zog nach Neuseeland. Über diese Zeit spricht sie nicht so gern, anscheinend war es »eine Katastrophe«.

»Ein Mann?« frage ich.

»Schon möglich«, antwortet sie und lacht.

Bei ihrer Rückkehr nach Westaustralien übernahm sie die Funktion einer Beraterin für Aborigines.

»Die Arbeit war irrsinnig anstrengend«, sagt sie und streicht sich nachdenklich das feuchte rote Haar aus der Stirn. »Es war so anstrengend, daß ich nach ein paar Jahren einen leichten Schlaganfall bekam. Ich war sozusagen die Anlaufstelle für alle Bedürftigen und Wurzellosen, die noch imstande waren, Hilfe zu suchen. Tag und Nacht saßen die Leute auf meiner Veranda in Kalgoorlie herum, ich konnte nie mehr mit meiner Tochter allein sein. Wenn ich nicht zu Hause war, brachen sie sogar ein und räumten den Kühlschrank aus. Sie hatten überhaupt kein Gefühl für mein und dein. Aber das war nicht das Schlimmste. Viel mehr habe ich darunter gelitten, daß es eine Gruppe gebildeter Aborigines gibt, die die Religion und die Kultur ihrer eigenen Leute vernichten.«

»Wie darf ich das verstehen?« frage ich fassungslos.

»Na ja«, Shyama lächelt bitter, »verursacht wurde das natürlich auch von den Europäern. Es gab ein paar verdammt effektive Missionare in dieser Gegend. Die erfolgreichsten saßen in Mount Margaret bei Laverton. Richtige christliche Fundamentalisten. Die haben es geschafft, eine Menge Aborigines vollständig von ihrer eigenen Kultur und ihren Familien abzutrennen. Aus denen entstand eine seltsame Elite, ganz im Sinne der Weißen. Ich würde die Leute sogar als rechtsradikal bezeichnen. Sie verachten die ursprünglichen Aborigines, die ihre eigene Kultur leben wollen. Die vielen Wurzellosen in den Goldfeldern gehen auch auf das Konto dieser christlich-fundamentalistischen Leute. Aber die Minengesellschaften waren auch nicht dumm. Sie engagierten zum Beispiel eine Missionarin, die den Aborigines predigte: ›Wenn ihr Gott habt, dann braucht ihr kein Land‹.«

Shyama gießt Tee nach und verscheucht Mücken, die den großen, grauen Hund umschwirren.

»Die Arbeit mit den Aborigines überstieg nach einer Weile meine Kräfte«, murmelt sie. »Man weiß gar nicht, wo man anfangen soll. Es gibt so wunderbare Menschen unter ihnen, Menschen mit enormen Fähigkeiten – kreativ, intelligent, liebevoll, witzig. Aber viele von ihnen trinken wie wahnsinnig. Manche gehen zurück in die Wüste, weil sie vom Alkohol wegwollen. Die Leute in der Wüste sind bewundernswert. Für die anderen ist es fast unmöglich, trocken zu bleiben, wenn sie mit Freunden und Familienangehörigen zusammenleben, denn alle trinken. Wenn man sich vorstellt, daß inzwischen siebzig Prozent der Aborigines in Städten wohnen, dann können Sie sich vorstellen, wohin das führt. Ich habe nie begriffen, warum dieses Abgleiten in den Alkohol nicht aufzuhalten ist. Woher dieser Zwang kommt, diese gespaltene Persönlichkeit.«

Shyama schüttelt sich und lacht.

»Nicht, daß ich einen guten Schluck verschmähen würde. Schlimm ist diese totale Abhängigkeit, dieses Sichverlieren. Aber es gibt so viel zu tun auf dieser Welt. Ich finde immer neue Aufgaben.« Ihre grünblauen Augen blitzen. »Ich war mit der australischen Delegation auf der Weltfrauenkonferenz in Bejing. Ich habe so viel Neues erfahren, so viele wunderbare Frauen kennengelernt. Wissen Sie, was Sie tun sollten? Den Frauen in Usbekistan Englisch beibringen, damit sie sich gegen die multinationalen Konzerne wehren können, die hinter den Bodenschätzen her sind!«

Shyamas Lebensgefährte schaukelt in seiner Hängematte neben dem Blumengarten. Der große Hund Samuel küßt ihn auf die Nase.

Es gibt ein Erbe, das nichts zu tun hat mit Dingen, mit Besitz, mit Land und trotzdem mit alldem zusammenhängt, etwas Ungreifbares, etwas von unschätzbarem Wert, das man nicht mit Geld kaufen kann, das Regierungen nicht geben können, etwas, das über die Grenzen der Stämme und Kulturen hinausreicht.[8]

MYSIE SCHENK

Ich habe die Geschichte der Aborigine-Mission in Mount Margaret nachgelesen. Shyama hat uns abgeraten, dorthin zu fahren. Man müsse jemanden kennen, um problemlos Zugang zu bekommen. Die ehemalige Missionsstation Mount Margaret liegt auf einem Hügel westlich von Laverton. Shyama empfiehlt mir das Buch *A Drop in A Bucket*, das von einer Tochter des Gründers geschrieben wurde. »Wenn du es aufmerksam liest«, sagt Shyama, »wirst du begreifen, was die Leute gemacht haben. Sie waren absolut von sich selbst überzeugt, hatten nicht den geringsten Zweifel an sich selbst. Und sie waren tatsächlich besser als die Regierungsvertreter, sie haben wirklich versucht, den Leuten zu helfen, sogar sie vor der Deportierung in Erziehungslager zu schützen. Sie haben für die ›verlorenen‹ Seelen der Wongutha gekämpft und versucht, Europäer aus ihnen zu machen. Sie waren der Meinung, die Aborigines hätten nur dann eine Chance, wenn sie Christen würden, nach westlichen Normen lebten, sich ordentlich kleideten und unsere moralischen Vorstellungen übernähmen. Dieser Rod Schenk, der Gründer von Mount Margaret, war ein verbissener Träumer. Und er hat seinen Traum verwirklicht – gegen die Weißen und gegen die Schwarzen. Aber eines hat er nicht begriffen: daß die Aborigines auch dann noch schwarz sind, wenn sie Christen sind, und daß die Gesellschaft derart rassistisch ist, daß selbst extreme Anpassung kaum hilft. Und er hat nicht begriffen, daß man seine eigene Kultur nicht innerhalb von wenigen

Jahren ablegen kann, ohne die eigene Identität vollkommen zu verlieren!«

Shyama hat rote Backen, als sie das sagt. Der Missionar Rod Schenk, Beauftragter der Australian Aboriginal Mission, kam 1921 in die Goldfelder. In Laverton traf er auf Hunderte halbverhungerter Menschen des Wongutha-Stammes, die von der Polizei regelmäßig mit Stockhieben vertrieben wurden. Die weiße Bevölkerung verachtete und haßte die Wongutha, es gab nur wenige Leute, die den Verzweifelten hin und wieder Nahrung zusteckten. Die Situation der Aborigines war so hoffnungslos, weil das gesamte Land im Besitz von Schafzüchtern oder Goldsuchern war. Die Aborigines konnten sich nicht mehr von der Jagd ernähren, denn sobald sie von den Landbesitzern entdeckt wurden, kamen sie entweder ins Gefängnis oder wurden erschossen.

Viele Goldgräber hatten sich junge Aborigine-Frauen in ihre Camps geholt. Die Kinder, die diese Unglücklichen zur Welt brachten, durften nicht bei ihren Müttern bleiben. Sie wurden in Missionsstationen an der Küste gebracht oder in staatliche Waisenhäuser, die eher Umerziehungslager waren. Moore River, nördlich von Perth, gehörte zu den berüchtigtsten.

Rod Schenk erreichte in zähen Verhandlungen mit der Stadtverwaltung von Laverton und der Bezirksregierung in Perth, daß ihm achtzig Hektar Land am Mount Margaret zugeteilt wurden, um eine Mission aufzubauen und gleichzeitig einen Zufluchtsort für Aborigines zu schaffen. Die erste Siedungserlaubnis galt nur für drei Monate – eine Absicherung für den Fall, daß in der Gegend Gold gefunden würde oder die Schafzüchter Anspruch auf das Land erheben sollten. Gold und Schafzucht hatten absoluten Vorrang vor Missionen und Aborigines. Jahrzehntelang gab es immer wieder bürokratische Kämpfe um das Missionsland, doch Rod Schenk be-

Zwischen Dampier und Nanutarra

Goanna

Vorhergehende Seite: Joffre Gorge im Karijini-Nationalpark

Sprengung bei Hamersley Iron

Die Eisenerzmine von Tom Price

Spinifex-Land (Stachelkopfgras) im Pilbara

Betsy mit Eisenerzmonster

Gesteinsschichtung im Karijini-Nationalpark

Klassisches Klohäuschen im Outback

Aborigines

WANGARA PIKA
WIYALA
Stop Diabetes
Sickness

Felszeichnungen bei Tom Price

hielt letztlich die Oberhand. Ebenso zäh rang er um die Seelen der Ureinwohner. Er rang den Männern die Frauen ab, brach die Familienverbände auf. Er setzte durch, daß die Frauen sich gegen den Willen ihrer Männer die Haare wuschen – ungewaschene Haare hatten bei vielen Ritualen der Wongutha eine wichtige Bedeutung. Er versuchte, die Ethnologen fernzuhalten, denn diese waren an der Kultur der Aborigines interessiert und wollten alte Bräuche wieder zum Leben erwecken, die Rod Schenk fürchtete – die Corroborees, jene rituellen Feiern, die er als Pakt mit dem Teufel ansah und als erschreckende Relikte des Heidentums empfand.

Rod Schenk, seine Frau Mysie und ihre Mitarbeiter versammelten im Laufe der Jahre mehrere hundert Aborigines in Mount Margaret, sie bauten eine Schule auf, ein primitives Krankenhaus, unterwiesen die Frauen in der Herstellung von Kunsthandwerk, züchteten mit den Männern Ziegen und verkauften Sandelholz.

Mount Margaret erwirtschaftete Gewinne und war in der Lage, sich weitgehend selbst zu tragen. Die Aborigine-Männer arbeiteten auch als Viehhüter bei den Schafzüchtern, und Rod Schenk achtete darauf, daß sie angemessen bezahlt wurden. Er glaubte unbeirrbar an den Willen Gottes, der ihm diese Seelen anvertraut hatte, kämpfte für ihre Rechte, trauerte mit ihnen sogar um ihre Hunde, wenn die Polizei kam, um die armen Tiere abzuschießen.

Und doch haben die Schilderungen seiner Tochter Margaret etwas Gespenstisches. Ohne die leisesten Bedenken wurde den Wongutha ihre eigene Kultur und ihr Glaube ausgeredet und als Werk des Teufels abgetan. Die Wongutha, ohnehin schon entwurzelt, landlos, rechtlos, ergriffen den Strohhalm und wurden irgendwie Christen, wurden seßhaft, obwohl sie Wanderer waren, stellten geflochtene Matten und Körbe für die Weißen in Melbourne her, gingen nicht mehr auf die Jagd, sondern in die Missionsschule. Die alten Fotos sind ebenso gespenstisch – ordentlich frisierte, glänzende Menschen in sauberer westlicher Kleidung, immer fröhlich, singend, mit Musikinstrumenten, Tennisschlägern, oder ganz in Weiß bei der Hochzeit.

Rod Schenk stellte sogar eine Liste mit Argumenten zusammen, um die Regierungsstellen von der Missionsarbeit zu überzeugen und deren Vorteile gegenüber Regierungssiedlungen für Aborigines aufzuzeigen:

1. *Missionen sind ökonomischer.*
2. *Missionen sind die besten Vertreter der englischen Gesetze – auf der Grundlage der Heiligen Schrift.*
3. *Missionare sind die besten Schutzherren, weil sie unvoreingenommen sind.*
4. *Missionare können den Minderwertigkeitskomplex (der Aborigines! Anm. d. Verf.) überwinden und ihnen dabei helfen, Selbstvertrauen aufzubauen.*
5. *Missionare kümmern sich um Leib und Seele.*
6. *Missionare geben alles, um zu dienen.*[9]

Vielleicht war Mount Margaret eine besondere Missionsstation mit besonderen Missionaren. Doch von den meisten anderen Missionen gibt es erschreckende Berichte der Missionierten, Berichte von sexuellem Mißbrauch, von prügelnden Lehrern, von eiserner Disziplin und schweren Strafen, von Lieblosigkeit, Verachtung, endgültiger Entwurzelung. In neueren psychosozialen Untersuchungen werden gerade die Missionen und vor allem die Aufzuchtanstalten für Aborigine-Kinder, die gewaltsam von ihren Eltern getrennt wurden, für den desolaten Zustand der Ureinwohner verantwortlich gemacht. Vom Ende des vergangenen Jahrhunderts (1898) bis in die späten sechziger Jahre war es allgemein üblich, Aborigine-Kinder von ihren Eltern zu trennen – vor allem dann, wenn die Eltern sich der Anpassung an die Normen der weißen Gesellschaft widersetzten. Mischlingskinder wurden den schwarzen Müttern in jedem Fall weggenommen. Auf diese Weise wuchs über mehrere Generationen hinweg ein hoher Prozentsatz Kinder in kirchlichen und staatlichen Institutionen auf, elternlos, einsam. Über die Folgen berichtet der Sprecher des Yorgum Aboriginal Counselling Service:

»Sie lebten ein unstetes Leben, wußten nicht, wer sie waren und zu wem sie gehörten, konnten niemals einen Menschen Vater oder Mutter nennen, wurden von einem Heim, von einer Mission zur anderen verschoben. Einige können sich nicht einmal daran erinnern, ob sie jemals glücklich waren oder ob es in ihrer Kindheit ein beglückendes Ereignis gab. Einige begannen zu trinken oder zu schnüffeln. Der psychische Schaden, den diese Menschen erlitten haben, wurde nie wirklich zur Kenntnis genommen oder gar behandelt. Viele leben noch immer in der Angst, daß ihnen ihre eigenen Kinder ebenfalls weggenommen werden.«[10]

Auf dem Weg nach Leonora kommen wir durch Menzies. 2 000 Goldsucher lebten einst hier. Jetzt ist es beinahe eine Geisterstadt: sechs Häuser, ein General Store, das Hotel und ein paar Schuppen. Der Airconditioner an der Hotelwand ist undicht, Wasser läuft an der Mauer herab. Ein Hund schläft auf dem Gehsteig. Wir sehen keine Menschenseele, fahren weiter, auf der Suche nach den Geisterstädten, die der Goldrausch zurückgelassen hat. Zwischen Menzies und Leonora geht es rechts nach Kookynie ab. Eine schmale Staubstraße mit vielen Schlaglöchern führt durch magere Weiden, auf denen Grüppchen von Eukalyptusbäumen stehen. Sanfte Hügel tauchen auf, rote Riesensteine stehen in der Landschaft. Wir stellen Betsy in den Schatten eines Baumes und klettern zu den Höhlen hinauf. Fliegende Ameisen landen auf unseren Armen, in unseren Haaren. Ich möchte vor Hitze schreien, versuche ruhig zu atmen, denn ich weiß: Das ist erst der Anfang. Weiter im Norden wird es viel heißer werden.

In den Höhlen entdecken wir nur ein paar Häufchen Känguruhkot – keine Felszeichnungen. Der Anblick einer riesigen Hornisse läßt mich augenblicklich umkehren. Der Wagen ist inzwischen so aufgeheizt, daß wir kaum einsteigen können. Nach zwei, drei Kilometern ein kleines Holzschild mit Pfeil – Niagara Dam.

»Das könnte ein Badesee sein«, sagt Paul und reißt das Steuer herum.

»Ein Badesee in dieser roten Halbwüste?« frage ich ungläubig. »Vielleicht leidest du schon unter Wahnvorstellungen?«

Paul lächelt nachsichtig.

»Du hast eben keine Ahnung, welche Überraschungen Australien zu bieten hat. Warte nur ab!«

Und dann liegt plötzlich ein großer, blauer See vor uns. Felsen rahmen ihn ein und ein paar grüne Buchten mit Bäumen, die sich dem Wasser zuneigen. Enten schaukeln auf kleinen Wellen, richtige Enten. Im ersten Augenblick halte ich dieses idyllische Bild für eine Fata Morgana. Dann springe ich aus dem Wagen und renne zum Wasser, werfe meine Kleider ab und springe hinein. Das Wasser ist tatsächlich Wasser, und es ist köstlich kühl und klar. Ich tauche und schwimme. Nie habe ich Wasser so sehr genossen. Paul steht am Ufer und ruft mir etwas zu, winkt heftig. Ich winke zurück.

»Komm rein!« rufe ich. »Es ist lebensrettend!«

Aber er kommt nicht, sondern winkt weiter. Widerwillig schwimme ich ans Ufer zurück. Paul wirft mir meinen Badeanzug zu.

»Zieh ihn an!« ruft er.

»Wieso?«

»Wir sind nicht allein!« ruft er zurück. »In der Bucht nebenan badet ein ganzer Aborigine-Clan, und hier können jeden Augenblick Touristen auftauchen.«

Ich finde unter Wasser einen Standplatz für meine Füße – ein flaches Stück Fels – und schlüpfe mühsam in meinen Badeanzug. Inzwischen ist auch Paul zu mir geschwommen.

»Wieso muß ich meinen Badeanzug anziehen, wenn in der Bucht nebenan Aborigines schwimmen?« frage ich ihn. »Die müßten doch wirklich ein natürliches Verhältnis zum Körper haben.«

»Also die Aborigines, die nebenan schwimmen, scheinen kein natürliches Verhältnis zu ihrem Körper zu haben. Die baden nämlich mit allen Kleidern am Leib!« Paul lacht laut und spritzt mich an. »Du mit deinen Vorstellungen von den edlen Wilden!«

»Ich glaub dir kein Wort!« rufe ich und schwimme schnell auf den See hinaus, umrunde den großen Baum, dessen Äste weit übers Wasser reichen, und kann in die Nachbarbucht sehen. Zwölf Menschen zähle ich – Frauen und Kinder, keine Männer. Sie stehen, sitzen oder liegen im Wasser. Alle tragen T-Shirts, Jeans, Röcke, Hemden. Sie lachen und unterhalten sich, beachten mich nicht. Am Ufer steht ein großer Pickup mit Vierradantrieb.

»Wahrscheinlich sind sie alle in einer Missionsstation erzogen worden«, sage ich grimmig zu Paul, der mich noch immer auslacht. »Das puritanische England hat ganze Arbeit geleistet!«

Ich lege mich auf den Rücken und schaue in den Himmel. Auf

dem Felsen am Ufer erscheinen die Umrisse eines Mannes und einer Frau. Langsam steigen die beiden ins Wasser und schwimmen zu uns hinaus. Es sind zwei Sudetendeutsche, die vor fünfundzwanzig Jahren nach Australien ausgewandert sind. Sie leben in Melbourne und machen gerade eine Rundreise durch Westaustralien. Sie freuen sich, Deutsch sprechen zu können.

»Ist Australien nicht wunderbar?« fragt mich die Frau, deren Gesicht dunkle Sonnenmale aufweist.

Später in Kookynie erfahren wir, daß der Niagara Dam einmal ein Wasserreservoir für eine Goldgräberstadt war. Man hat einfach die Felsen weggesprengt und das Grundwasser nach oben gepumpt. Kookynie ist eine Geisterstadt, in der heute nur noch acht Menschen leben, acht von ehemals tausend. Von den meisten Häusern sind nur noch Trümmer übrig – ein paar Mauern, Kamine, Ziegelhaufen. Einzig das »Grand Hotel« ist stehengeblieben – allerdings ist nichts »Grand« daran. Es bietet Zimmer ohne Klimaanlage für 45 Dollar, zwei Wohnwagen mit Klimaanlage für 65 Dollar die Nacht. Außerdem gibt es eine kleine Bar, in der eine junge Frau aus Darwin bedient. Sie ist eigentlich Studentin, aber sie hat ihr Studium unterbrochen, um etwas zu erleben.

»Ich arbeite ein paar Monate hier, ein paar Monate da«, sagt sie, während sie uns Bier einschenkt.

Erlebt sie was in Kookynie, der Geisterstadt?

»Ja«, antwortet sie. »Es sind die Leute, die hier durchkommen, die Geschichten, die am Tresen erzählt werden. Das ist spannend!

Da gibt es Mineningenieure, Arbeiter, Touristen. Es ist immer was los! Das einzige Problem sind die Abos, die hier einkaufen. Sie kommen immer mit einem Haufen Kinder, die dann herumrennen und alles anfassen und kaputtmachen. Ich mag keine Kinder, und schon gar keine Abo-Kinder. Die benehmen sich noch schlechter als alle anderen.«

Wir trinken unser Bier und antworten nicht. Über der Bar tickt eine große Pendeluhr. Die Hitze dringt durch die offene Tür zu uns herein. Draußen fährt ein klappriges Gefährt vor, ein Lieferwagen aus den sechziger Jahren, beladen mit allerlei Hausrat, einfachen Möbeln, einem Kinderwagen. Ein junger Mann und eine Frau steigen aus, setzen sich zu uns. Die Frau hält ein Baby im Arm, das höchstens vier Wochen alt ist. Es trägt nur eine Windel und ist locker in ein Baumwolltuch gehüllt. Der Mann behält seinen speckigen Lederhut auf, stützt die Ellbogen auf den Tresen und bestellt ein Bier und eine Cola für seine Frau. Die beiden sehen arm aus, tragen billige Kleidung.

»Wohin geht's denn?« fragt das Mädchen hinter der Bar, während sie Bier zapft und Cola mit Eisstückchen verrührt.

»Laverton«, antwortet der Mann knapp.

»Hast du einen Job dort?« fragt das Mädchen weiter.

Der junge Mann nickt und schiebt sich den Hut in den Nacken. Seine hohen Lederstiefel sind lehmverkrustet, die Jeans an den Knien fast durchgescheuert. Er trinkt einen kräftigen Schuck von dem eiskalten Bier, wischt sich dann mit dem Handrücken über den Mund.

»Ich geh nicht gern!« sagt er plötzlich laut und schaut uns an. »Aber ich hab eine Stelle als Roo Shooter bekommen. Hab ich früher schon mal gemacht. Ich wollte weg davon, denn es ist eine elende Schlächterei. Aber jetzt haben wir das Kind ...«, er deutet mit dem

Kopf zu dem Säugling hinüber, » … einen anderen Job hab ich nicht gekriegt. Wir haben es in Perth versucht, war aber nichts zu machen.«

Er zuckt die Achseln und legt beide Hände um sein Bierglas. Die junge Frau sagt nichts, sondern fächelt dem winzigen Kind Luft zu. Das leichte Sommerkleid klebt an ihrem Körper.

Roo Shooter, das sind Känguruhjäger, hat Paul mir vor einiger Zeit erklärt. Es sind Leute, die ihre Beute nachts mit Scheinwerfern blenden und dann abknallen, meist vom Auto aus. Sie arbeiten für Tierfutterfabriken und neuerdings auch für die Exporteure von Känguruhfleisch, das in Europa und Amerika als Delikatesse angeboten wird. Roo Shooter sei ein mieser Job, hatte Paul gesagt, eine feige Art der Jagd, bei der die Tiere keine Chance haben.

Der junge Mann sitzt auf seinem Barhocker, als sei ihm durchaus bewußt, wie mies seine Zukunft aussieht. Die Frau sagt noch immer nichts.

Ich stehe auf und gehe vor die Tür. Eigentlich habe ich das Bedürfnis nach frischer Luft, aber die Hitze ist noch immer da, obwohl die Sonne bereits zu sinken beginnt. Der alte Lieferwagen der Roo-Shooter-Familie hat etwas Rührendes an sich. Die Möbel sind ramponiert, die Matratzen fleckig, der Kinderwagen ist mindestens zwanzig Jahre alt.

Hoffentlich regnet es nicht, bevor sie Laverton erreicht haben, denke ich plötzlich. Wenn es regnet, dann sind die paar Habseligkeiten auch noch ruiniert. Noch während ich das alte Auto mit seiner ärmlichen Ladung betrachte, kehrt die kleine Familie zurück.

»Wir müssen weiter«, sagt der Mann zu mir. »Ich möchte noch heut abend in Laverton sein, weil morgen mein Job anfängt.«

»Ich wünsche euch viel Glück«, sage ich, »und daß das Baby die Hitze gut übersteht!«

»Danke«, antwortet der Mann und tippt an seinen Hut. »Können wir gebrauchen!«

Die junge Frau lächelt zum erstenmal und winkt mir zu, als der Lieferwagen in einer Staubwolke abfährt. Im Osten türmen sich schwarze Wolken auf – Laverton liegt im Osten.

Eine rundliche, ältere Frau steht plötzlich im Eingang zum Grand Hotel und lacht mich an.

»Kommen Sie doch rein«, ruft sie. »Ich habe schon lange keine Gäste mehr aus Deutschland gehabt. Sie müssen unbedingt ein paar Tage bleiben!«

Sie zieht mich in den Schatten des Schankraums. Zwei Goldnuggets baumeln an ihren Ohren, und ein Redeschwall bricht aus ihr hervor.

Sie stamme aus England, sei in der Nähe von London geboren. Aber hier, im Grand Hotel, lebe sie nun schon seit zwanzig Jahren, und es sei wunderbar. »Man muß natürlich drauf achten, daß man nicht dem unzivilisierten Leben des Outback verfällt. Deshalb trage ich auch immer Schmuck und schminke mich. Aber es ist nie langweilig, obwohl nur acht Menschen in Kookynie leben. Was glauben Sie, wie viele Geschichten ich gesammelt habe, unglaubliche Geschichten.« Wenn wir ein paar Tage blieben, würde sie uns alle erzählen. Viele Geschichten habe sie auch aufgeschrieben.

»Vielleicht mache ich irgendwann ein Buch daraus!« lacht sie und schüttelt ihre goldenen Nuggets. »Aber eine Geschichte muß ich Ihnen gleich erzählen. Die Sache mit Angelo Martini – ich habe sie erst vor ein paar Tagen von einem Mann aus Menzies gehört. Sie waren doch in Menzies?«

Ich nicke. Paul bestellt ein zweites Bier.

»Also, Angelo Martini war natürlich Italiener, das hört man ja gleich. Er lebte schon seit den dreißiger Jahren in den Goldfeldern, machte Gelegenheitsjobs in den Minen. Als er älter wurde, ließ er sich in Menzies nieder, in einem der alten Häuser, die niemandem mehr gehören. Er hat ziemlich viel getrunken, war Stammgast im Hotel und lebte von der Fürsorge. Aber es reichte, denn nebenbei hatte er immer ein paar kleine Jobs. Eines Abends brachen Aborigines in sein Haus ein – wahrscheinlich suchten sie nach Bier oder Schnaps. Jedenfalls war Angelo zu Hause, und er wollte sich sein Bier nicht wegnehmen lassen. Da haben ihn die Abos zusammengeschlagen. Irgendwer hat ihn am nächsten Tag gefunden und ins Krankenhaus nach Kalgoorlie gebracht. Sein Kopf wurde geröntgt, und da entdeckte man einen Gehirntumor, so groß wie eine Pflaume. Angelo wurde erfolgreich operiert und lebte danach noch zehn Jahre. Er wurde achtzig und hat den Aborigines bei seiner Rückkehr nach Menzies eine ganze Gallone Bier spendiert. Sie haben ihm das Leben gerettet, denn er wäre nie zum Arzt gegangen, obwohl er schon länger unter Schwindelanfällen litt. Ist das nicht wunderbar?«

Wir bleiben nicht im Grand Hotel, sondern fahren den dunklen Wolkenwänden entgegen, die sich in der Abendsonne lila färben. Wir hatten beide das Gefühl, nicht noch mehr Geschichten verkraften zu können. Zehn Kilometer hinter Kookynie liegt die Goldmine, streng bewacht, mit Sicherheitszaun. Wir sind müde und wissen, daß wir Leonora nicht vor Einbruch der Dunkelheit erreichen werden. Fünf Kilometer hinter der Goldmine biegt Paul einfach nach links in den Busch ab. Die Erde ist hart, rot und wie glattgewalzt.

Paul steuert den Wagen um Gestrüpp und kleine Bäume herum, bis wir von der Straße aus nicht mehr zu sehen sind.

»Man kann nie wissen«, meint er.

Wir haben Mühe, das Zelt aufzubauen, denn die Erde ist nur an der Oberfläche hart, und die Heringe finden in dem bröseligen Untergrund kaum Halt. Unser Zeltplatz ist umgeben von kleinen und großen Termitenhügeln, kreisrunde Löcher klaffen im Boden.

»Da wohnen die Goannas, diese großen Echsen«, meint Paul. »Erschrick nicht, wenn du plötzlich eine siehst. Die Dinger sehen gefährlich aus, sind aber ganz harmlos.«

Die Erde ist dunkelrot wie Krapplack und heiß wie gebrannter Ton. Hitze dringt durch unsere Schuhsohlen. Wir essen Tomaten, Käse und Buschbrot, festes, haltbares Vollkornbrot, haben kaum Appetit. Der Himmel färbt sich inzwischen wie die Erde. Noch immer stehen lilaschwarze Wolkenbänke im Osten. Dann ist es dunkel. Wieder sind wir ganz allein in einer unendlich weiten Nacht. Wir versuchen zu schlafen, doch die Luftmatratze gleicht einer riesigen Wärmflasche, aufgeheizt von der roten Erde. Wir flüchten auf die Kühlerhaube unserer Betsy, betrachten zwei Stunden lang den Himmel, rutschen langsam an der Windschutzscheibe herab. Sternschnuppen fallen, Fledermäuse huschen über unsere Körper, Zikaden kreischen.

Wieder kriechen wir ins Zelt. Der Busch ist hell erleuchtet vom Vollmond. Wir schließen nur das Fliegennetz. Ich kann nicht schlafen, bin schweißgebadet. Die Zikaden verstummen. Plötzlich rauscht Wind durch die Büsche, läßt das Zelt vibrieren. Nach einem besonders heftigen Windstoß springt Paul auf und sichert das Zelt und alle Gegenstände, die um das Auto herum fliegen und rollen. Plötzliche Panik: Es könnte ein schweres Unwetter kommen! Dann verwandelt sich die heiße rote Erde in Morast. Notfalls müssen wir das Zelt zurücklassen, um die Straße zu erreichen.

Doch es kommt kein Unwetter. Die schwarzen Wolken ziehen weiter, die Blitze bleiben fern. Eine eigenartige Nacht: kurze Schlafphasen, Aufschrecken, Lauschen. Man weiß nicht, was da draußen ist. Die große King Brown vielleicht, die gefährliche Schlange des Nordwestens? Aber sie kann nicht ins Zelt. Es sind die Menschen, vor denen wir Menschen uns fürchten, nicht die Tiere.

Am nächsten Morgen sind wir beide erschöpft, haben kaum geschlafen, leiden unter Kopfschmerzen. Wir duschen mit unserer Buschdusche, einem schwarzen Plastiksack, der, mit Wasser gefüllt, an einen Ast gehängt wird. Erst jetzt bemerken wir, daß der Boden übersät ist mit Reifenspuren. Hier müssen jede Menge Autos herumgefahren sein. Nicht in der vergangenen Nacht, aber in den letzten Tagen.

»Vermutlich Goldsucher«, meint Paul. »Vielleicht haben wir auf einem Riesennugget geschlafen, das nur ein paar Zentimeter unter unserem Zelt liegt!«

Wir fahren weiter nach Leonora, frühstücken in einem Roadhouse. Ich denke mit Schaudern an die Reifenspuren im Busch.

In Leonora gibt es mehr Aborigines als Weiße. Die kleine Stadt liegt am Rande eines Reservats. Aborigines sind die Kunden im Supermarkt, sitzen im Schatten eines Baumes, spazieren über den Gehsteig, fahren die Autos. Zum erstenmal auf unserer Reise beherrschen sie das Straßenbild. Hier scheinen die Weißen in der

Minderheit zu sein. Die Menschen sehen an uns vorbei, als gäbe es uns nicht. Selbst in der Schlange vor der Supermarktkasse vermeiden sie jeden Blickkontakt. Nur einmal lächelt eine weißhaarige Großmutter mich an, als ihr kleiner Enkel mich zur Seite schubst, um an die Kaugummis heranzukommen, die in einem Fach neben der Kasse liegen. Eine deutliche Botschaft scheint von den schwarzen Menschen auszugehen: Laßt uns in Ruhe! Stellt keine Fragen, macht keine Fotos, starrt uns nicht an!

Natürlich starren alle Touristen die Aborigines an. Sie haben über die Ureinwohner gelesen, wollen endlich in natura sehen, was sie suchen – die edlen Wilden oder die gewalttätigen Trunkenbolde. Deshalb ist es auch nahezu unmöglich, sich halbwegs unbefangen zu benehmen, einen Menschen einfach anzusehen. Eine große Frau mit blonden Haaren, die einer schwarzen Monica Vitti ähnelt, streckt mir die Zunge heraus und schneidet eine Grimasse, als meine Augen bewundernd an ihr hängenbleiben. Sie ist schön und sehr sexy mit ihren langsamen Bewegungen, den langen, schlanken Gliedern. Beschämt senke ich den Blick.

Wir packen unsere Einkäufe ins Auto und fahren schnell weiter. In Leonora fühlen wir uns wie Eindringlinge. Nach 150 Kilometern endet die Asphaltstraße. Hier liegt Leinster, ein Ort ohne Aborigines, eine kleine Retortensiedlung für Minenarbeiter und Ingenieure. Wir sehen eine Krähe mit grünen Flügeln, das einzig Bemerkenswerte an Leinster. Hinter Leinster aber beginnt wirklich das Outback.

Land ist die Quelle allen Lebens ... Es ist ein lebendiger Ort aus Himmel, Flüssen, Bäumen, dem Wind, dem Sand und dem Geist – mein eigenes Land. Es ist kein Ding. Es ist ein lebendiges Wesen. Es gehört zu mir. Ich gehöre zum Land. Ich ruhe in ihm. Ich komme aus ihm.[11]

PAT DODSON

Das Land öffnet sich vor uns, wird weiter und weiter, versetzt uns in eine Art Trance. Die rote Straße vor uns und hinter uns. Wir scheinen uns kaum zu bewegen und fahren doch mit einer Geschwindigkeit von achtzig Stundenkilometern. Links und rechts Gestrüpp und Busch, am Horizont ein paar weiße Wölkchen – fast schon jenseits der Erdkrümmung, so dicht kleben sie am Boden. Weiter rechts schwarze Rauchfahnen, ein fernes Buschfeuer. Hitze. Wenn ich meinen Arm aus dem Fenster strecke, Kühlung im Fahrtwind suche, dann ist es, als verbrenne meine Haut. Vor der Hitze gibt es kein Entrinnen. Wir besprühen uns mit Wasser, hängen feuchte Tücher an die Seitenfenster. Die Verdunstung spendet ein wenig Erleichterung.

Wir sind seit zwei Stunden keinem Fahrzeug begegnet. Ein riesiger Salzsee taucht auf, glitzert in der Sonne wie Schnee. Wir halten an, laufen zum Ufer. Auf den ersten Blick scheint es uns, als würde die Landschaft vom Tod beherrscht, von salzigem, heißem Tod. Doch dann entdecke ich, daß Pionierpflanzen unter dem weißen Schlamm hervordrängen wie Pilze unter Asphalt. Dunkelgrüne Triebe, die dem Queller an der Nordsee ähneln. Sie tragen Schlammhüte, haben ganze Salzplatten hochgehoben und sich eine Art Dach aufgesetzt, einen Sonnenschirm. Zwei Enten suchen nach Wasser, doch es gibt nur Salz. Mit klingelnden Flügelschlägen fliegen sie weiter über das ausgetrocknete Land. Wir flüchten vor der Hitze ins Auto. Die Luft über dem See flimmert, täuscht blaues Wasser vor.

Wir begegnen dem ersten Landrover. Er taucht aus einer roten Staubwolke auf, die wir schon lange zuvor am Horizont gesehen haben. Der Fahrer hebt die Hand, Paul grüßt zurück. Von nun an werden uns alle Autofahrer und Truckies grüßen. Das ist Sitte auf den einsamen Straßen des Outback. Hier sind alle aufeinander angewiesen, das macht die Menschen freundlich. Und zum erstenmal dringt der feine, rote Staub in unseren Wagen, färbt unsere schweißfeuchte Haut, dringt in Augen und Nase. Auch dieser Staub wird von nun an unser Begleiter sein, alles einfärben, was wir besitzen.

Langsam nähern wir uns Wiluna, der roten Staubstadt. Den Begriff Dorf gibt es nicht in Australien – alle Siedlungen mit mehr als fünf Häusern sind eine *town*. Doch Wiluna ist ein Dorf. Während des Goldrausches lebten 2000 Weiße dort – übriggeblieben sind vierzig, fünf davon Polizisten, der Rest Verwaltungsangestellte, eine Krankenschwester, der Tankstellenbesitzer, ein paar Farmer und der Hotelbesitzer mit seiner Familie. Heute ist Wiluna die Stadt der Wongi. Einst waren sie Nomaden, doch inzwischen leben ein paar hundert von ihnen rund um die Stadt. Die staatliche Verwaltung hat ihnen Häuser gebaut, eine Schule. Die Wongi stellen kleine Kunstwerke her, Schnitzereien und Bilder, die sie in einem Laden unten an der Straße verkaufen. Doch es kommen nur wenige Touristen. Der Weg nach Wiluna ist weit und beschwerlich. Die wenigen Weißen glauben an eine Zukunft für ihre kleine Stadt. Es wurde Uran gefunden und auch wieder mehr Gold.

»Vielleicht werden bald mehr Weiße herziehen, vielleicht werden wir wieder eine richtige Stadt, wie früher. Da gab es sogar eine Eisenbahnlinie nach Wiluna. Sie wurde 1957 stillgelegt ...«, erzählt uns der Mann an der Tankstelle.

Noch ist es nicht soweit, noch kommen die Minenarbeiter nur am Abend, um im einzigen Hotel zu trinken. Sie leben draußen bei den Minen, in Wohncamps, zwanzig, vierzig Kilometer vor Wiluna.

Ich wünsche mir nicht, daß Wiluna wieder wächst. Wiluna hat für mich den Zauber einer verschlafenen Katze. Alles bewegt sich langsam in der Hitze: die Hunde der Wongi, die Menschen, die Papageien in den Mulgabäumen, einer australischen Akazienart. Niemand ist in Eile. Wir mieten ein Zimmer im Wiluna Club Hotel. Die Klimaanlage knapp unter der hohen Decke brummt wie ein Lastwagen, erzeugt kaum Kühle. Die Betten sind durchgelegen, eines ist niedrig, das andere hoch. Schrank und Kommode stammen offensichtlich aus der Goldgräberzeit, riechen nach Mottenpulver. Doch für mich ist es eines der schönsten Zimmer, die ich je bewohnt habe. Ich habe endlich das Gefühl, wirklich in Australien angekommen zu sein und gleichzeitig etwas gefunden zu haben, was in Europa verlorengegangen ist – Einfachheit.

Der Koch, ein rotblonder Ire mit tausend Falten im Gesicht, empfiehlt uns, alle Sachen vom Dachträger ins Auto zu tun. Die Wassertanks, das Zelt, den Ersatzreifen.

»Wir haben zwar einen hohen Zaun mit Stacheldraht obendrauf«, grinst er, »aber die Abos klettern trotzdem drüber. Wassertanks kann man gut verkaufen, Zelte und Ersatzreifen auch. Tut sie am Abend ins Auto, denn soweit gehen sie nicht. Sie brechen keine Autos auf, die auf unserem Hof stehen. Das ist eine Art Absprache!«

Er rät uns außerdem, zum North Pool zu fahren, einem Billabong zwanzig Kilometer nordwestlich von Wiluna. Billabongs sind kleine Süßwasserseen im Outback.

»Da kann man wunderbar schwimmen. Tut euch sicher gut, so wie ihr ausseht.«

Wir folgen seinem Rat, denn in der Gluthitze des frühen Nachmittags kann man höchstens schlafen oder irgendwo still im Schatten sitzen und vor sich hinstarren. Die Straße nach Norden ist voller Löcher. Unsere alte Betsy wird heftig durchgeschüttelt, klappert, kracht in allen Fugen. Plötzlich quillt beißender Qualm unter dem Armaturenbrett hervor, füllt in Sekundenschnelle das Wageninnere. Paul bremst. Wir husten.

»Raus!« schreit er. »Der Wagen brennt!«

Wir reißen die Türen auf, springen ins Freie. Nachdem der Zündschlüssel abgezogen ist, verschwinden auch die stinkenden Wolken. Mein Herz klopft. Ich will Betsy nicht verlieren, dieses tapfere, alte Auto, das selbst den schicken Wagen mit Vierradantrieb Konkurrenz machen kann. Wir schieben Betsy in den spärlichen Schatten eines Mulgabaumes. Paul beginnt das Armaturenbrett abzuschrauben. Ich reiche ihm das Werkzeug. Er hält gerade das Steuerrad in der Hand, als ein riesiger Truck neben uns hält. Der Fahrer beugt sich herunter.

»Alles in Ordnung, Freund?« ruft er.

Paul hält das Lenkrad hoch.

»Alles in Ordnung!« schreit er zurück.

Der Truckie grinst, hebt grüßend die Hand und fährt weiter. Keuchend bleiben wir in einer roten Staubwolke zurück.

»Da siehst du, wie hilfsbereit die Australier sind«, lacht Paul. »Nie würde einer vorbeifahren, wenn ein Fahrzeug im Outback an der Straße steht. Aber sie finden es auch völlig in Ordnung, wenn man sein Lenkrad in der Hand hält.«

Es war noch lange nicht in Ordnung. Fast zwei Stunden brauchten wir, um endlich die Ursache des Kabelbrandes herauszufinden, das Steuerrad wieder zu montieren und das Armaturenbrett zu befestigen. Die Sonne hatte uns inzwischen durchgebraten, der Staub hatte uns rot gepudert und der Schweiß interessante Muster auf unsere Gesichter und Arme gezeichnet.

»Sollen wir umkehren?« fragt Paul.

»Nein!« antworte ich heftig. »Jetzt will ich schwimmen gehen, obwohl ich nicht glauben kann, daß es in dieser roten Hölle einen See mit kühlem Süßwasser gibt. Wahrscheinlich hat der Koch das nur geträumt, weil seine Küche so heiß ist.«

Wir folgen weiter dem Holperweg nach Newman, behutsam alle Löcher umfahrend, um Betsy nicht noch einmal zu irritieren. Nach ein paar Kilometern zweigt tatsächlich der Feldweg ab, den der Koch beschrieben hat.

North Pool. Da ist er, liegt vor uns im roten Staubland. Riesige Eukalyptusbäume säumen ihn, senken die Wurzeln tief ins Wasser. Ihre Stämme leuchten weiß, weiße Kakadus fliegen in großen Schwärmen hin und her, machen einen Höllenlärm. Wir staunen wortlos, ziehen uns langsam aus und steigen behutsam ins Wasser, als könnte es verschwinden, wenn wir uns zu heftig bewegen. Wir schwimmen schweigend, fast demütig – ein heiliger Ort. Still ziehen wir uns nach einer halben Stunde wieder an, erkunden das Ufer mit seinen bizarren roten Steinen, einen ausgetrockneten Flußlauf, in dem ein paar Pfützen stehengeblieben sind. Ein Kaninchen hoppelt davon, eine Echse schreckt zischend zurück. Nach einer Weile fällt uns ein seltsamer, hoher Singsang auf, der von allen Seiten gleichzeitig zu kommen scheint. Er klingt wie ein archaisches Kriegslied, aufstörend. Die Kakadus sind verstummt.

»Was ist das?« flüstere ich Paul zu.

»Ich weiß nicht«, flüstert er zurück, »vielleicht Zikaden …«

»Das sind keine Zikaden«, antworte ich leise. »Das sind entweder Geister oder Aborigines!«

Wir setzen uns auf einen Felsen und lauschen. Das seltsame Lied scheint vom Land zu kommen, als wollte es zu uns sprechen. Als würden die spitzen, harten Sträucher singen, die Felsen und das Stachelkopfgras, der Staub und der Wind, die Echsen und Schlangen. Ein Schaudern überläuft uns beide. Wir nehmen uns an der Hand. Da bricht das Lied plötzlich ab. Wir wagen kaum zu atmen.

Ich sehe mich nach Betsy um. Sie steht ungefähr hundert Meter von uns entfernt hinter den hohen Bäumen. Ein neues Geräusch schreckt uns auf: tiefes, heiseres Brüllen, ganz nah.

»Wilde Rinder«, flüstert Paul. »Davon gibt es hier eine Menge.«

»Stiere auch?« frage ich.

»Klar!«

»Meine Traumvorstellung ist im Augenblick, daß zwischen uns und Betsy ein wilder Stier steht und hinter uns die Geisterkrieger weitersingen«, sage ich laut, um mir Mut zu machen und die Situation zu entschärfen.

In diesem Augenblick packt mich Paul heftig am Arm. »Dein Traum ist schon wahr geworden!« Ein riesiger schwarzer Stier trabt aus dem Busch, schnaubt, brüllt und scharrt zornig mit seinen Hufen in der Erde. Langsam nähert er sich unserem Auto, schnuppert daran, stößt probeweise mit den Hörnern dagegen, brüllt dröhnend. Mein Herz rast. Ich fürchte mich nicht besonders vor Schlangen oder Spinnen, aber ganz sicher vor Stieren.

Wir ducken uns hinter die Felsen, warten. Zehn Minuten lang umkreist der Stier unser Auto, landet hin und wieder einen leichten Stoß, reibt seine Schulter am Dachträger, brüllt und brüllt. Auch die unsichtbaren Geisterkrieger haben ihren Gesang wieder aufgenommen. Wir hocken, warten, und wieder habe ich das Gefühl, als spräche das Land zu uns, als wollte es uns etwas Wichtiges mitteilen, das wir nicht verstehen können, weil wir zuwenig wissen.

»Er ist weg«, sagt Paul.

Ich schaue zu Betsy hinüber. Der Stier trollt sich allmählich zum Ende des Sees, hat das Interesse an dem orangefarbenen Auto verloren. Wir springen auf und rennen los. Türen auf, reinspringen, Türen zu, gerettet! Seltsam, wie sicher man sich in einem kleinen Auto fühlen kann.

Auf dem Rückweg, nur ein paar hundert Meter hinter dem See, biegt plötzlich ein großer Lieferwagen aus dem Busch. Ungefähr zwanzig Aborigines stehen auf der offenen Ladefläche, lachen und winken uns zu.

»Da hast du deine Geistersänger!« sagt Paul. »Die wollen wahrscheinlich ihr Bad nicht mit Weißen teilen!«

Im alten Wiluna waren die Aborigines nicht sehr geachtet, doch in *A History of Wiluna*, einer Broschüre, die man im Shire Office, dem Gemeindeamt, erwerben kann, werden sie immerhin erwähnt. Sie seien während der Blütezeit der Stadt ein Problem für die Ordnungskräfte gewesen, allerdings hätten die nichts unternommen, um die Lebensumstände der Ureinwohner zu verbessern. »Die Mehrzahl der Eingeborenen lebte so wie schon seit Jahrhunderten.« (Was für die Wongi vermutlich kein Unglück war und nur den Weißen seltsam vorkam.)

Allerdings griff die »Obrigkeit« häufig hart durch und verjagte die Wongi – zu Pferd und mit Stockschlägen. Außerdem wurden die

Hunde der Aborigines regelmäßig umgebracht. Erlaubt war nur ein Hund pro Person, der Rest wurde erschossen oder erschlagen – manchmal hundert Hunde bei einer Razzia der Ordnungshüter in den Camps. Aborigines lieben ihre Hunde. Hunde sind wie Brüder und Schwestern für sie. Das Töten der Hunde löste Schmerz und Verzweiflung aus.

Einen Wongi aber gab es, der selbst bei den Weißen angesehen war. Man nannte ihn Coyle. Er sei »ein schöner, aufrechter Mann gewesen, mit einem wunderbaren Körper und einem so einnehmenden Wesen, daß er auf jeden, der ihn kennenlernte, einen tiefen Eindruck machte«, wie es in der Broschüre heißt.

Trotzdem erging es Coyle nicht viel anders als den übrigen Ureinwohnern. Man warf ihm vor, er habe »am 22. September 1901 drei Pfund Fleisch, drei Dosen Milch und zwei Dosen Butter aus dem Wiluna-Krankenhaus entwendet«. Er wurde verhaftet und für ein halbes Jahr auf die berüchtigte Gefängnisinsel Rottnest geschickt. Auch nach seiner Rückkehr ließ man ihn nicht in Ruhe. Ständig wurde er verdächtigt, nach dem fremden Gesetz Straftaten begangen zu haben. Doch erstaunlicherweise schützte ein Teil der Weißen Coyle, denn er war ein »edler Wilder«.

Nach einer Stammesfehde, die mit einem Toten endete – einem Kampf nach Aborigine-Gesetz –, wurde Coyle als Mörder verfolgt. Lange Zeit gelang es ihm, die Polizei zum Narren zu halten – mit Hilfe weißer Freunde, die ihn rechtzeitig warnten und ihn mit Proviant und Munition versorgten. Erst 1911 wurde er gefaßt und zum Tode verurteilt, nach Protesten begnadigt und elf Jahre nach Rottnest verbannt, ehe er freigelassen wurde. Elf Jahre Gefängnis für einen Menschen, der Nomade war, der frei umherwandern mußte. Als er endlich nach Wiluna zurückkehrte, raffte ihn eine Grippe dahin.

Coyles Geschichte liest sich wie die Kurzfassung eines modernen

Aborigine-Schicksals. Der Schriftsteller Archie Weller hat viele solche Geschichten geschrieben, Geschichten von Menschen, die in der Konfrontation mit der Welt der Weißen erbarmungslos scheitern, von Leben, die einfach abbrechen, weil sie in einer verständnislosen Umwelt keine Chance haben.

Wir alten Männer, wir werden bald nicht mehr sein.
Wir sind die letzten der Gagudju,
die dir diese Geschichte erzählen können.
So höre denn, höre ...
Dies ist deine wahre Geschichte.
Wenn du sie jetzt nicht erfährst,
wirst du in zwanzig Jahren weinen –
weil du deine Geschichte nicht kennst.

BIG BILL NEIDJIE

Ein paar Kilometer außerhalb von Wiluna liegt »The Village«, ein verlassener Traum. The Village wurde von der westaustralischen Regierung für die Ngangganawili-Gemeinde gebaut. Es gab eine Schule, ein Gemeindehaus, Kinderspielplätze, eine Tankstelle und viele Wohnhäuser. The Village wurde von seinen Bewohnern vor fünf Jahren fluchtartig verlassen, für die Regierungsvertreter unbegreiflich, ein Beweis für die Unzuverlässigkeit, ja Unintegrierbarkeit der Aborigines. Was war geschehen? Einer der Elders, der weisen Alten im Dorf, war gestorben. Aborigines dürfen an einem solchen Ort niemals bleiben. Der Tod macht einen Ort, ein Lager, unbewohnbar. Man muß den Toten gehen lassen, darf nicht von ihm sprechen, seinen Namen nicht nennen, muß viele Rituale abhalten, damit sein Geist zur Ruhe kommen kann. Man darf nicht im Zimmer nebenan schlafen, unter demselben Dach oder im Nachbarhaus. Man muß einen anderen Ort suchen, muß weiterziehen, dem Leben entgegen. Und so wurde das wunderbare Musterdorf verlassen und nicht wieder betreten. Weiße verlassen einen Ort nur dann, wenn es kein Gold mehr gibt.

Behutsam nähern wir uns dem Geisterdorf. Ein heftiger, heißer Wind begleitet uns. Große Ballen Tumbleweed rollen zwischen den Häusern umher, »Taumelkraut«. Die Häuser sind zerfallen, Teile der Dächer wurden vom Sturm weggetragen, Dielen herausgerissen, eine Tür schlägt im Wind. Es ist ein schauriger Ort, ein Ort der Totengeister. Kreischend fliegen Vögel auf, als ich von Raum zu Raum gehe. Schwarzweiße Vögel, Peewees, sie scheinen Unheilsboten zu sein. The Village ist eine Stadt der Vögel geworden. Überall nisten sie im Innern der verlassenen Häuser, Flügel schlagen. Rosakakadus flüchten aus einem zerbrochenen Fenster.

Warum hat das Schulgebäude eine Badewanne? Sie ist vollgefüllt mit alten Schulheften und Büchern. Verrostete Autowracks stehen unter den Bäumen, halb zugewachsen, Heimat für Schlangen und Echsen. Bei den Aborigines gibt es Legenden, in denen die Toten als Tiere wiederkehren, um die Lebenden zu schützen. Doch eigentlich sollen die Toten in die Traumzeit zurückkehren, zu den Ahnen, die einst die Erde gesungen und zum Leben erweckt haben.

Wieder schreit ein Vogel auf, dicht neben mir. Ich fahre zusammen. Wo ist Paul? Ich kann ihn nicht mehr sehen, stolpere über ein paar Stufen aus dem Geisterhaus hinaus. Es ist unheimlich still auf dem weiten Platz in der Mitte des Dorfes. Die Schaukel auf dem Kinderspielplatz schwingt im Wind, diesem Wind, der nie aufhört. Es ist vollkommen still, die Hitze lastet auf dem Land, drückt mich nieder. Die toten Häuser scheinen mich einzukreisen. Ich rufe, lauter und lauter.

Endlich kommt Antwort.

»Hier bin ich!«

Ich renne durch das hohe, ausgebleichte Gras auf Pauls Stimme zu, finde ihn auf der Veranda eines Hauses. Er fotografiert Melonen, die zwischen den Dielen reifen. »Was ist denn?« fragt er erstaunt. »Hat dich etwas erschreckt?«

»Ich weiß nicht«, antworte ich, »ich hatte plötzlich Angst, daß du verschwunden sein könntest. Laß uns weiterfahren, das ist ein seltsamer Ort.«

Er wirft mir einen fragenden Blick zu.

»Läßt du dich etwa von den alten Geschichten der Abos anstecken?« fragt er. »Du solltest nicht so schnell durch das hohe Gras laufen! Schlangen lieben hohes Gras!«

Die Ngangganawili-Gemeinde gibt es noch immer. Sie bewirtschaftet eine Zitrusplantage, die nicht weit vom Village entfernt liegt. Dort habe ich die süßeste Grapefruit meines Lebens gegessen. Über 1 000 Tonnen Orangen, Zitronen und Grapefruits ernten die Aborigines im Jahr. Verkauft werden die Früchte in Perth.

Der Orangenzüchter Brian aber, der seine Gärten gleich neben der Kooperative hat, läßt seine Erntehelfer aus der Stadt kommen. Weiße Erntehelfer. Er sagt, auf die Aborigines könne er sich nicht verlassen. Heute kommen sie und morgen nicht mehr. Auch der Wirt des Wiluna Hotels stellt keine Aborigine-Mädchen mehr ein –

weil sie mal kommen und dann wieder nicht und irgendwann ganz wegbleiben, weil sie Walkabout gehen. Sie lassen alles zurück, um Verwandte zu besuchen, die hundert oder zweihundert Kilometer entfernt leben. Sie gehen zu einem Ritual, zu einem Fest oder einfach irgendwohin. Lassen alles zurück – ihre Habe, ihre Häuser. Welcher Weiße kann das schon verstehen? Obwohl – in Amerika gehen jedes Jahr ein paar tausend Männer Zigaretten holen und kommen auch nicht mehr zurück. Walkabout.

Ich will nicht weg von Wiluna. Irgend etwas hält mich. Der alte Jonas will mitfahren nach Newman. Er steht vor dem Club Hotel, bittet und bettelt, als wir mit unserer Betsy noch einmal anhalten. Seine Frau ist betrunken. Sie hält sich an einem Pfosten von dem Hotel fest und beschimpft ihn. Jonas erklärt uns umständlich, daß er Verwandte in Newman besuchen will. Seine weißen Bartstoppeln glitzern auf der schwarzen Haut. Wir würden Jonas gern mitnehmen, aber unser Wagen ist bis unters Dach beladen. Traurig winkt Jonas uns nach.

Wir nehmen die Straße nach Meekatharra. Die Polizei hat uns abgeraten, den direkten Weg nach Newman einzuschlagen. Die Straße sei zu schlecht, mit unserem Auto kaum zu schaffen.

Ich will nicht weg aus Wiluna, möchte in dieser gottverlassenen Outbacksiedlung bleiben, die Menschen näher kennenlernen, doch Paul drängt. Sonst können wir unseren Zeitplan nicht einhalten. Irgendwo am Ende dieser Reise wartet an einem bestimmten Tag ein Flugzeug. Ich möchte es machen wie die Aborigines – einfach Walkabout gehen. Zum Teufel mit dem Flugzeug!

Als wir langsam aus der Stadt rollen, sehe ich auf dem flachen Hügel hinter dem Hotel einen Mann und eine Frau sitzen. Sie sitzen ganz oben, trinken Bier aus Dosen, reden, lachen, sind glücklich. Ich beneide die beiden. Sie nehmen sich Zeit für ihr Leben, oben auf dem roten Hügel.

Mittags ist das Land hart, mit harten Schatten und gleißendem Licht, das in den Augen brennt. Wir fahren in die Abendsonne, in ein weiches Land. Der Busch färbt sich dunkelgrün, die Erde dunkelrot, die Konturen verschwimmen. Weit und weich ist das Land, eingerahmt von dunklen Wolken, die irgendwo abregnen, ein paar Kilometer entfernt. Ein Regenbogen leuchtet unvermutet auf, spannt sich über das endlose Land. Der Duft feuchter Erde wird vom Wind herangetragen, von weit her.

Meekatharra ist weit. Wir fahren und fahren. Ich lenke Betsy über die Querrillen, die der Regen in allen Outbackstraßen hinterläßt. Man darf nie langsamer als achtzig Stundenkilometer fahren, sonst fällt das Auto auseinander. Man muß über die Rillen fliegen.

»Paß auf die Känguruhs auf«, sagt Paul. »Sie springen genau dann auf die Straße, wenn du nicht damit rechnest.«

Schatten täuschen, zweimal bremse ich scharf – blinder Alarm. Doch dann springen zwei Känguruhs über die Straße.

»Paß auf!« schreit Paul. »Da kommt noch eines!«

Ich habe es nicht gesehen, bremse, schlittere quer über die runden Steine, schaffe es, stehe. Das Känguruh ist gerettet, springt langsam vor uns her.

Später in Meekatharra spielen wir Billard mit zwei Aborigines. Sie gewinnen und spendieren uns ein Bier.

Mister Man, wenn du zufällig den Quell der Lebenskraft im Land findest, jener Kraft, die alles spendet, auch Seelenstärke, dann wirst du den Gottesgeist in allen Dingen erkennen, diese Lebensessenz, dann wirst du leben, Mister Man, dann, in der Tat, wirst du leben.[12]

KEVIN GILBERT

Ich habe geträumt in Meekatharra, habe den schwarzen Bullen gesehen. Er stürmte auf uns zu. Mit einem Schrei wachte ich auf, doch nur der Mond schien durch das Hotelfenster, und die Klimaanlage surrte.

Der Bulle ist mir noch einmal erschienen. Diesmal ist er weiß und liegt auf der linken Fahrbahnseite, ungefähr dreißig Kilometer hinter Meekatharra. Er ist tot. Auf fürchterliche Weise umgekommen. Ein Truck muß ihn in die Luft geschleudert haben. Er landete mit gespreizten Beinen auf der Fahrbahn, starb auf dem Bauch – ein gewaltiger Fleischberg mit abgespreizten Beinen, den Kopf still zur Seite gesenkt. Welch unwürdiges Ende für dieses mächtige Tier.

»Schau nicht hin«, sagt Paul, »und halt dir die Nase zu.«

Aber ich habe bereits hingesehen, und der grauenhafte Verwesungsgeruch ist überall. Wir sind auf dem Great Northern Highway. Die Trucks und Roadtrains fahren schnell und bremsen nicht für Rinder, Kamele, Pferde, Schafe oder Känguruhs. Der Great Northern Highway ist mit Leichen gepflastert.

»Die Trucks können nicht bremsen«, versucht Paul zu erklären. »So ein Truck hat einen enormen Bremsweg. Deshalb haben alle Laster dicke Metallstangen vor dem Kühler. Damit können sie sogar Bullen und Kamele aus dem Weg räumen.«

Die Straße gleicht einem Schlachtfeld, links und rechts liegen Tierkadaver, frische, vertrocknete, halb verweste. Der Leichengeruch begleitet uns. Sonne, Hitze, Gestank, Dürre und die erbarmungslosen Trucks bilden plötzlich eine zerstörerische Einheit.

Rotbraune Kälber liegen am Straßenrand, die Bäuche aufgerissen, ein Adler mit ausgebreiteten Schwingen, Känguruhs, Echsen und immer mehr Rinder.

Rinder grasen nahe an der Straße, laufen in kleinen Herden auf die Fahrbahn. Riesige Keilschwanzadler hocken auf den Kadavern, erheben sich schwerfällig, sobald wir uns nähern. Paul schaltet den CB-Funk ein und warnt die Lastwagen in der Umgebung vor den Rindern auf der Fahrbahn.

»Es wird nicht viel nützen«, sagt er, »die Truckies halten ihr Tempo und bremsen nur im Notfall. Leider machen sich manche sogar einen Spaß daraus, Tiere über den Haufen zu fahren. Ich hab solche Kerle kennengelernt, als ich selbst noch Trucks gefahren bin. Gefühllose Burschen, die so was als Zeitvertreib betrachten.«

»Aber warum sammeln sich die Tiere alle am Straßenrand?« frage ich.

»Weil es da immer noch ein bißchen frisches Gras gibt«, antwortet Paul. »Australiens Straßen sind von Leichen gesäumt.«

Die Ebene erstreckt sich über Hunderte von Kilometern, ist brutal trocken, knisternd, unberührbar, stachelig. Rote Erde, rote Steine. Die Büsche wirken verwelkt, versuchen sich vor der unbarmherzigen Sonne zu schützen. Erst nachts richten sich ihre Blätter auf. Ein paar Vögel, vereinzelte Rinder – sonst nichts.

Wir schlafen im Auto, versuchen es zumindest. Zu erschöpft, um das Zelt aufzubauen. Für Trucks ist die Parkbucht nicht sonderlich einladend. Flaschen, Dosen, Müll überall. Wir haben gekocht, wurden immer wieder von heranjagenden Regenschauern unterbrochen, die innerhalb von Minuten weiterzogen. Wir hören den stürmischen Regen schon von ferne, ein Brausen und Donnern. Dann bläst der Wind unseren Gaskocher aus, knallt Sand und Regen auf uns herab, warmen Regen. Die Straße dampft.

Winzige Moskitos umkreisen uns mit einem hohen Pfeifton, dringen durch die offenen Fenster in den Wagen. Ich versuche zu schlafen, verstopfe mir die Ohren. Der Mond erscheint zwischen den Wolken. Ich fühle mich high vor Hitze – Mond, Wolken, Baumsilhouetten, ein vorüberdonnernder Truck, halb offene Augen. Wo bin ich eigentlich? Ein Traum, ich kann ihn nicht fassen, weiß nur, daß etwas war, schrecke auf, sehe den Mond. Wieder fliegen die Lichter eines Trucks vorüber. Es ist alles egal. Wenn jetzt der große Bulle käme, ich wüßte nicht, ob ich ihn träumte oder wirklich sähe. Die Hitze und der mangelnde Schlaf lähmen das Hirn. Paul schläft auf dem Kühler, mein Kopf sinkt aufs Armaturenbrett.

Am Morgen fahren wir weiter, erschöpft, erreichen gegen Mittag Newman, eine Eisenstadt, mieten auf dem Campingplatz eine gekühlte Wohnkiste und schlafen.

Paul erzählt, daß die Leute ausrasten und gewalttätig werden von der Hitze, Amok laufen, daß Männer ihre Frauen verprügeln, sich sinnlos betrinken und sich sogar umbringen. Seltsam, wie viele Menschen hier trotzdem aushalten, um die Erde auszuplündern. Gold, Kupfer, Nickel, Silber, Eisenerz, Asbest, Uran, Diamanten – das ist der einzige Grund dafür, daß im Outback Weiße leben. Sie sind alle hier, um Geld zu machen. Quälen sich über Jahre hinweg, bauen das Image des »echten Australiers« auf: Wir sind hart, nichts kann uns umwerfen. Machos! Sogar die Frauen werden zu Machos. Sind tough. Saufen und fluchen wie die Männer und arbeiten in den Minen. Das Land wird aufgerissen, Berge werden weggesprengt, neue aufgeschüttet. Das Land wird durchgesiebt, umgegraben und dann verlassen. Es ist, als ließen die Menschen ihren Haß auf die Hitze und die Härte des Lebenskampfes am Land aus.

Die Aborigines bewegen sich am Rande dieses Schauspiels, wohnen am Rande, wandern am Rande – hin und her vom Bottle Shop zu den Camps oder unter die Bäume am Straßenrand. Aber da ist immer noch die Warnung der Traumzeit: Wer das Land verletzt und schändet, der wird irgendwann vernichtet werden, wenn sich die Regenbogenschlange aus der Erde erhebt, weil ihre Ruhe gestört wurde. Ich wundere mich, daß die Regenbogenschlange noch nicht aufgewacht ist.

Hinter Newman steigen die roten Berge der Hamersley Ranges auf. Der Great Northern Highway wurde hineingeschnitten, wie durch einen roten Kuchen. Und jetzt beginnt das Spinnifex-Land. Bisher gab es nur hin und wieder ein paar stachelige Büschel, doch jetzt sind Täler und Berge mit den blaßgrünen Igelpflanzen bewachsen, runde Tupfen auf Rot, Pointillismus der Natur. Dieses Stachelkopfgras ist ein Überlebenskünstler des Outback: hart, hoch, spitzig, voller ätherischer Öle. Der Verwesungsgeruch wird abgelöst von köstlichen, sonnenwarmen Düften, die Eintönigkeit der flachen Halbwüste von der Schönheit roter Berge und grüner Täler. Geisterhafte Eukalyptusbäume setzen Akzente mit ihren weißen Stämmen. Nie habe ich eine vergleichbare Landschaft gesehen. Mir ist, als sei ich angekommen, als hätte ich den Ort meiner Träume schon erreicht. Vielleicht war dies die Savannenlandschaft unserer Vorfahren, als sie anfingen, aufrecht zu gehen. Und überall Leere – kein Dorf, keine Farm unterbricht die Schönheit. Das Land ist einfach das Land.

Nur einen Außenposten der Zivilisation gibt es noch, das Auskie Roadhouse: Tankstelle, Schnellimbiß, kalte Getränke. Die Kellnerin ist eine Maori aus Neuseeland. Ein erschreckend großer Truck mit drei Anhängern rollt donnernd auf das Gelände, hüllt uns in eine rote Wolke. Hustend klopfen wir unsere Kleider ab. Ziemlich zwecklos, denn sie sind feucht vom Schweiß, da haftet der Staub.

Wir kaufen einen großen Beutel Eis für unsere Kühlbox. Es wird ungefähr einen Tag vorhalten, dann beginnen die Filme in ihren Plastikbehältern zu schwimmen, die Salami, die Butter, das Obst.

Adler kreisen über uns, als wir den Great Northern Highway verlassen, um in den Karijini-Nationalpark zu fahren. Wieder sind wir allein, so allein wie niemals in Europa. Es ist immer wieder ein Wunder für mich. Eine Weile folgen wir der Straße nach Wittenoom, der ehemaligen Asbeststadt, die heute nur noch von ein paar Freaks bewohnt wird, seit man weiß, wie gefährlich Asbest ist. Überall an den Rändern des Karijini-Nationalparks wurde Asbest gefördert, arglos und ohne besondere Schutzvorkehrungen. Unzählige der ehemaligen Arbeiter sind seither an Asbestose erkrankt oder gestorben. Vielleicht ist das die Rache der Regenbogenschlange, eine stille Rache?

Wir biegen in den Nationalpark ein, fahren in den Yampire Gorge, eine wilde Schlucht, eingefaßt von hohen dunkelroten Felswänden. Doch auch hier wurde einst nach Asbest gebuddelt. Riesige Schilder stehen am Wegrand: Vorsicht! Asbest! Schließen Sie Fenster und Türen Ihres Wagens, steigen Sie nicht aus! Asbest kann Krebs erzeugen!

Die Mine ist schon seit 1966 geschlossen, seit über dreißig Jahren. Doch die Schönheit der Natur scheint mit einem Todeshauch überzogen, wie in Tschernobyl. Es sind immer die Menschen, die Unheil zutage fördern, weil sie nicht wissen – die Völker der Panyjima, Innawonga und Kurrama starben nicht an Asbestose, denn sie gruben die Erde nicht um. Vor ein paar Jahren wurde das Gebiet des Karijini-Nationalparks wieder an sie zurückgegeben, zuvor hieß er Hamersley Range Nationalpark – wie die Minengesellschaft in Tom Price, einem der größten Eisenerzproduzenten in Australien, Hamersley Iron.

Eisenland. Eisen ist rot und schwarz. Das Land ist rot und schwarz. Die Berge leuchten wie Amethyste in der sinkenden Sonne, Stachelkopfgras zaubert sämtliche Grünschattierungen auf die Hänge. Uns stockt der Atem angesichts dieser Schönheit.

> *»Aus sich selbst bewegt und bestehend ist nur die Naturwelt. Wie weit immer es dem Menschen gelingen mag, sich die Natur durch Bearbeitung anzueignen und seine Herrschaft über sie auszudehnen, sie wird niemals zu unserer Umwelt, sie bleibt immer sie selbst …«*[13]
>
> KARL LÖWITH

Jenny sieht nicht gut. Sie nimmt die Welt wahr wie durch ein umgedrehtes Fernglas, sieht einen schmalen Tunnel mit winzigen Gestalten. Seit ihrer Kindheit sieht sie nichts anderes. Sie kann nicht Auto fahren, und das bedeutet in Australien eine massive Einschränkung. Doch Jenny meistert ihr Leben erstaunlich geschickt. Sie führt den Haushalt, schreibt Gedichte, feiert wilde Parties. Jenny liebt die Rolling Stones und die Freaks und Outcasts, die in Wittenoom leben. Jenny weiß, was es bedeutet, ein Outcast zu sein. Ihr ganzes Leben lang hat sie sich so gefühlt. Jenny kümmert sich um all die verlorenen Seelen in Tom Price, der Eisenstadt. Das Telefon klingelt beinahe ununterbrochen. Es gibt viele verlorene Seelen.

Jenny ist die Frau von Pauls Schulfreund Hank. Seit fünfzehn

Eine Zigarette für den Abo
Vorhergehende Seite: Viehtränke im Outback

Asbesthalde bei Wittenoom

Paulettes Wohnzimmer

Hank auf der Müllkippe von Tom Price

Am Straßenrand

Aborigine-Kinder

Aborigine-Camp

Vor dem Sturm

Regenbogenschlange – Felsskulptur bei Tom Price

Mathilda

... und ihre Spur

Sechs Wochen nach dem Buschfeuer

Jahren leben Jenny und Hank in Tom Price, leben von der Mine, mit der Mine. Hank hat als einfacher Arbeiter angefangen, heute ist er Sprengmeister, einer von denen, die halbe Berge in die Luft jagen.

Die Stadt Tom Price wurde erst zu Beginn der sechziger Jahre aufgebaut. Das Eisenerz brachte die Menschen in die Wildnis. Heute hat Tom Price 3500 Einwohner, und alle gehören Hamersley Iron. Auch die ordentlichen kleinen Villen und Bungalows gehören Hamersley Iron, die Bewohner zahlen sie ab und bekommen das Geld wieder zurück, wenn sie weggehen. Die Eisenbahnlinie gehört Hamersley Iron, und die direkte Straßenverbindung zur Küste ebenfalls. 50 Millionen Tonnen Eisenerz werden jedes Jahr aus dem Pilbara an die Küste transportiert und dann nach Asien und Europa verschifft.

Tom Price liegt am Rande des Karijini-Nationalparks mitten im Outback des Pilbara, 500 Kilometer von der Küste entfernt. Im Sommer ist es die Hölle. Der Sommer ist lang, und wir sind mittendrin. Die Temperaturen liegen tagtäglich zwischen gnädigen 40 und ungnädigen 45 Grad.

»Die Menschen hier«, sagt Jenny, »sind nicht so wie andere Leute. Der Druck ist zu stark, die Hitze, die Isolation. Es gibt nichts außer Arbeit, Hitze, Bier, Videos und ein paar Barbecues. Jeder weiß hier alles. Es ist ein Dorf. Nichts bleibt den anderen verborgen. Manche halten das aus, andere drehen durch.« Sie lacht und unterbricht ihre Hausarbeit. Jenny wirkt immer ein bißchen abwesend, gedankenverloren. Ständig dröhnt laute Musik durch ihren Bungalow. Jenny macht, was sie will, zielstrebig und ohne Rücksicht auf ihre Umgebung. Es ist, als konzentrierte sie sich ausschließlich auf Wesentliches, auf den schmalen Ausschnitt des Lebens, den sie überblicken kann. Sie sammelt bizarre Holzstücke, besondere Steine, vertrocknete Pflanzen. Das Haus, die Terrasse, der Garten sind voll davon.

»Jenny, wir gehen jetzt«, sagt Hank mit ruhiger Stimme.

Keine Reaktion.

»Jenny, wir warten auf dich!«

Keine Reaktion.

»Jennifer!« Hank wird etwas lauter.

Noch immer nichts – Jenny traumwandelt durchs Leben. Erst als Hanks Stimme verzweifelt klingt, wendet sie sich langsam um, lächelt und folgt ihm.

Jenny liebt Vincent van Gogh, sie sagt, das Leben sei nicht so wichtig für sie, sie warte auf das Leben nach dem Tod. Sie ist Zeugin Jehovas, doch nie versucht sie, irgend jemanden zu bekehren, schon gar nicht Hank. Und Jenny träumt von der Regenbogenschlange, immer wieder. Deshalb, sagt sie, komme sie mit den Aborigines gut aus. Hank lebt mit Jennys Gedanken und Einfällen. Er ist selbst einer, der zwischen den Welten wandelt, er liebt die Wildnis, kennt einige Rituale der Ureinwohner und respektiert sie, führt sie sogar aus – er, der Sprengmeister von Hamersley Iron. Es ist, als hätte der Geist der Ahnen einen Teil von ihm zu fassen bekommen. Irgendwie paßt es nicht zusammen.

Gemeinsam mit Jenny und Hank fahren wir in den Nationalpark, steigen hinunter in die Gorges, die sagenhaften Canyons, die inzwischen weltberühmt sind. Es ist so heiß, daß wir nicht einmal reden können. Über uns ragen die roten Felswände auf, der Himmel ist nur ein winziges Stückchen Blau. Spinnennetze zittern in der aufsteigenden Hitze, riesige Spinnennetze. Seltsame Miniaturbäume wachsen an der Felswand, krallen sich fest, Bonsaipalmen ähnlich.

»Das sind Eisenerzbäumchen«, sagt Hank leise. »Sie wachsen nur aus Erzadern.«

»Wo ist das Wasser?« frage ich verzweifelt.

Der Canyon gleicht einem Hochofen. Ich bewege mich nur noch mechanisch, möchte mich am liebsten hinlegen und sterben.

»Gleich«, sagt Hank. »Wir müssen nur noch ein bißchen durchhalten.«

»Hier kann es kein Wasser geben«, widerspreche ich. »Das ist die Hölle.«

»Na«, meint Jenny, »die Hölle ist sicher viel heißer!«

Hank geht voraus, dann folgen Jenny, ich und Paul. Einer hinter dem anderen. Die Schlucht wird immer enger, bis wir schließlich vor einem Durchschlupf stehen, hinter dem sich der Canyon wieder zu öffnen scheint. Genau an dieser Stelle tropft ein winziges Rinnsal aus dem Gestein. Hunderte von großen Bienen umschwärmen es, drängen zum Wasser.

»Ich kann nicht mehr«, sage ich. »Wenn mich eine Biene sticht, könnte es mein Ende sein. Ich bin allergisch gegen bestimmte Stiche.« Trotz der Hitze stellen sich die feinen Härchen auf meinem Körper auf. Niemals werde ich durch diesen Bienenschwarm hindurchgehen!

Da spüre ich Jennys Hand auf meinem Arm.

»Ich gehe voraus«, sagt sie freundlich. »Ich habe ein gutes Verhältnis zu den Bienen. Ich spreche mit ihnen. Sie haben mich noch nie gestochen. Du mußt ihnen nur sagen, daß du als Freundin kommst, dann stechen sie nicht. Hank ist auch allergisch – aber wenn ich vorausgehe, wird euch nichts geschehen!«

Jenny wartet meine Antwort nicht ab. Langsam nähert sie sich den schwärmenden Bienen, geht durch sie hindurch, die Bienen teilen sich, geben den Weg frei. Jenny ist schon auf der anderen Seite. Hank wirft mir einen kurzen Blick zu und folgt ihr. Jetzt bin ich an der Reihe. Ich habe Angst. Ich weiß nicht, ob ich darauf vertrauen kann, daß die Bienen mich verstehen. Ich möchte darauf vertrauen, ertappe mich dabei, daß ich zu dem Ahn der Bienen spreche, unhörbar. Ich werde hindurchgehen, ganz egal, was mir zustößt. Und ich gehe – mit klopfendem Herzen, mit mühsam kontrolliertem Atem, mit stockenden Schritten. Die Bienen sind um mich herum. Fast spüre ich, wie sie meine Haut berühren, spüre die winzigen Luftschwingungen ihrer Flügel. Ich gehe und bitte, bitte den Ahn, bitte die Bienen, bitte Jenny, bin durch. Keines der langbeinigen Insekten hat mich angegriffen. Ich schließe die Augen. Mir ist schwindlig.

Auch Paul geht unbeschadet durch die Insektenwolke, lächelt ein wenig unsicher. Er glaubt nicht so recht an den Geist der Bienen. Doch endlich können wir wieder nach vorn sehen. Ich habe noch nie so etwas erlebt. Die wilden Wasser der Schlucht haben eine fast kreisrunde Höhlung geschaffen, einen See im Fels, einen tiefen Brunnen wie im Märchen. Das Wasser ist grün und klar, es spiegelt sich an den roten Felsen, überzieht sie mit bebenden Mustern.

Ehrfürchtig stehen wir da und schauen, ehe wir schnell hinabklettern; die Ranger haben ein Seil gespannt, an dem wir uns festhalten können. Das Wasser ist ein Wunder, winzige silberne Laufkäfer flitzen über seine Oberfläche. Wir werfen unsere Rucksäcke ab, machen uns nicht die Mühe, unsere Sachen auszuziehen, wollen uns einfach hineinstürzen. Doch Hank hebt den Arm. Er kniet nieder, schöpft mit beiden Händen Wasser und benetzt sein Gesicht, dann verbeugt er sich.

»Wir müssen den Geist des Gorge um Erlaubnis bitten«, sagt er leise. »Wir müssen ihm sagen, daß wir ihn nicht stören werden und daß wir seine Stätte achten und in Ehren halten.«

Es ist vollkommen still. Kein Vogel ist zu hören, kein Insekt, nicht einmal der Wind, der niemals aufhört. Jenny wiederholt das kleine Ritual, dann ich und zuletzt sogar Paul, der sich spirituellen Dingen gern entzieht. Dann erst steigen wir in das kühle Wasser, in

Jeans und Hemden. Hank und Jenny schwimmen sogar mit ihren Turnschuhen, Paul und ich haben unsere Stiefel allerdings ausgezogen. Wir planschen und schwimmen, bespritzen uns, sind einfach glücklich, wie Kinder, die einem Unheil entronnen sind – die Hitze ist gebannt, die Bienen vergessen.

Jenny schwimmt ins seichtere Wasser und taucht nach Steinen. Ihr Sonnenhut ist bald gefüllt mit vielfarbigen, rundgeschliffenen Fundstücken.

»Bitte, laß die Steine hier, Jenny!« sagt Hank.

Keine Reaktion.

»Ich bitte dich, laß die Steine hier. Sie gehören hierher. Es ist nicht gut, sie wegzunehmen!«

Jenny gründelt weiter, fördert Stein um Stein an die Oberfläche.

»Jennifer, um Himmels willen, hörst du nicht? Laß die Steine hier!«

Jenny blickt auf, ihre langen Haare triefen.

»Es macht nichts, wenn ich sie mitnehme. Der Geist des Wassers weiß, daß ich sie in Ehren halten werde.«

»Trotzdem, Jennifer, laß sie hier!« Franks Stimme klingt beschwörend.

Jenny sucht die schönsten Steine aus ihrem Sonnenhut, den Rest gibt sie dem Geist zurück. Die vier oder fünf, die sie ausgewählt hat, steckt sie in ihre nassen Jeans. Jenny traumwandelt auf ihren eigenen Pfaden.

Nach unserem köstlichen Bad müssen wir zurück – durch die Bienen. Die nassen Sachen kleben uns am Leib, aber die Bienen stört das nicht. Zwei Spinifex-Täubchen trinken zwischen den Insekten. Die Federhäubchen auf ihren Köpfen wippen. Schnell fliegen sie hinauf in die glühende Sonne.

Als wir den Wagen erreichen, sind unsere Kleider schon wieder trocken. Wilde Baumwolle blüht am Wegrand, rosarot. Wir schauen über das Land, über die weiten Täler, die seltsam geformten Berge, die von der Zeit abgetragen wurden. Der Reiz dieses Kontinents liegt in seiner uralten Natur, nicht in der von Menschen geschaffenen Historie. Geschichte, das ist hier uralte, müde Erde, abgeschliffen, wulstig, zerfurcht, flach. Wie alte Säulen, die irgendwann an Knochen erinnern. Sogar die Bäume sehen aus wie ausgebleichte Knochen.

Vermutlich stellt sich deshalb so leicht dieses Ewigkeitsgefühl ein, das mich hin und wieder überkommt. Ich sitze auf einem dieser alten Steine, schaue über das alte Land. Die Sonne hier ist stärker als anderswo, die Farben kräftiger, der Wind älter, als wehte auch er seit Jahrmillionen. Selbst die Menschen und die Tiere sind älter als anderswo. Australische Wissenschaftler haben herausgefunden, daß einige der Felsenbilder und Skulpturen zwischen 75 000 und 116 000 Jahre alt sind. Bisher war man davon ausgegangen, daß die Kultur der Ureinwohner maximal 50 000 Jahre alt ist. Man nahm an, daß die Menschen von Asien aus nach Australien gelangt waren. Sollten sich diese neuen Untersuchungen als richtig erweisen, hieße das, daß die Menschheit ihren Ursprung womöglich in Australien hatte. Dann wären die Aborigines vielleicht unsere uralten Schwestern und Brüder, die weite Savannenlandschaft, die wunderbaren Seen, die Schluchten und die Quellen könnten unser Paradies gewesen sein, bevölkert von unzähligen sonderbaren Tieren. Sogar die Hitze erscheint hier älter als anderswo, sie kommt nicht nur von der Sonne, sondern auch von unten, als würde die Erde von innen heraus glühen.

Am Abend hat Jenny Gäste geladen. Nachbarn. Jenny kocht mit Hingabe – Gemüse und Lammbraten in der Mikrowelle. Australier bereiten ihre Mahlzeiten immer in der Mikrowelle, wenn sie nicht gerade im Freien grillen. Die Gäste sind vertraut. Seit fünfzehn Jahren leben sie im Nachbarbungalow. Maureen ist Krankenschwester im Krankenhaus von Tom Price, Thomas arbeitet in der Mine. Maureen ist klein und verschrumpelt, obwohl sie erst sechsundvierzig ist. Sie quetscht ihre Worte hervor, als bereite ihr das Sprechen Mühe. Thomas ist ungefähr dreimal so groß wie sie, ein fetter Fleischberg, der alles besser weiß. Er ist deutschstämmig, will aber nichts davon wissen.

»*One country, one law* – ein Land, ein Gesetz!« sagt er mit Nachdruck, als das Gespräch auf die Aborigines kommt. Er verabscheut sie, vor allem ihr eigenes Gesetz, das nicht mit dem der Weißen übereinstimmt.

Hank hebt in komischer Verzweiflung beide Hände. Er mag sich nicht mit seinem Nachbarn anlegen. Hier draußen müssen alle miteinander auskommen. Maureen wechselt das Thema. Sie erzählt vom Alltag im Krankenhaus. Die meisten Patienten haben Herzprobleme, eine Folge der Hitze und des Alkohols. Halb Tom Price lebe von Happy Pills, Psychopharmaka, die kontrolliert ausgegeben werden. Die Leute holen sich regelmäßig ihre Wochenration ab, Frauen ebenso wie Männer.

»Das liegt am Leben hier draußen«, sagt Maureen. »Auf die Dauer hält das kein Mensch aus.«

»Was halten die Leute nicht aus?« frage ich.

»Ich weiß nicht genau«, quetscht Maureen mühsam hervor. »Sie haben alles, ein Haus, einen Garten, Klimaanlage, Fernseher, Autos, einen ziemlich guten Verdienst für australische Verhältnisse. Den Leuten hier geht es bestimmt besser als zum Beispiel denen in Perth.«

Maureen sieht unglücklich aus, zerfurcht, alt, krank. Sie hat ein Haus, ein Auto, einen Fernseher, eine Klimaanlage, einen Garten. Einmal im Jahr macht sie Urlaub auf Bali. Es sei so billig dort, man könne für fünf Dollar frühstücken und werde richtig satt. Alles sei so billig dort. Mehr erzählt sie nicht von Bali. Ihr dicker Ehemann nickt dazu.

Dann kommt sie auf das Krankenhaus zurück und erzählt, daß hin und wieder auch Schlangenbisse behandelt werden müssen. Betroffen sind in erster Linie Touristen, die nicht wissen, wie man sich im Busch bewegt. Aber bisher ist noch niemand an den Bissen gestorben. Kürzlich kam jedoch eine Japanerin ums Leben, deren Auto vom Zug erfaßt wurde. Vom Eisenerzzug, der zwei Kilometer lang ist und nur zweimal am Tag fährt. Eigenartig.

Jenny schält Mangos. Plötzlich schaut sie mich an.

»Weißt du«, sagt sie, »diese Weite hier macht die Köpfe der Menschen enger. Sie müssen sich irgendwie schützen. Sie verkriechen sich in ihren Häusern. Man muß Kraft haben, um die Weite auszuhalten, und eine Verbindung zur Natur, zu den Göttern.«

Niemand antwortet. Thomas trommelt mit den Fingern auf den Tisch. Maureen senkt den Kopf. Hank räumt die Teller ab. Paul lächelt mir zu. Später erzählt mir Jenny, daß Maureen ebenfalls Happy Pills schluckt und daß auch sie selbst hin und wieder zu dem Zeug greift. Nur die Gedichte, die Träume von der Regenbogenschlange und ihre Arbeit für die verlorenen Seelen der Stadt würden ihr über die Runden helfen.

»Aber was ist der Grund, Jenny?« frage ich verwirrt.

»Traurigkeit«, sagt sie, »Verzweiflung. Ich war keine gute Mutter, meine Kinder sind fort, und ich mache mir Sorgen. Sie kommen nicht gut zurecht mit dem Leben. Hank wollte nie Kinder. Ihm sind sie auch heute egal. Hank war früher Seemann, er hat es der Kinder wegen aufgegeben. Jetzt hockt er mit mir und mir zuliebe hier und hat seine Träume begraben. Er hat viel getrunken. Aber seit er vor drei Jahren auf allen vieren nach Hause kriechen mußte, trinkt er keinen Tropfen mehr. Er sagt, es sei furchtbar demütigend gewesen. Jetzt ist er nur noch traurig.«

»Aber könnt ihr nicht irgendwo anders hin?« frage ich. »Irgendwo ans Meer oder zurück in die Stadt, nach Perth?«

Jenny schüttelt den Kopf. »Es ist fast unmöglich, anderswo Arbeit zu finden. Wir sind Ende Vierzig. Da ist der Ofen aus. Hank kann nur noch in den Minen arbeiten. Er haßt es, denn er weiß, daß sie das Land kaputtmachen, auch wenn sie sich jetzt große Mühe geben mit allen möglichen Umweltprogrammen.«

Später am Abend kehrt Maureen zurück. Sie will sich mit Hank und Jenny ein Video vom letzten Rolling-Stones-Konzert in Perth ansehen. Die Rolling Stones sind sehr wichtig für alle. Sie haben das wilde Leben gelebt, nach dem die anderen sich in ihrer Jugend sehnten, dem sie noch immer nachhängen.

Immer wieder tauchen neue Leute in Jennys Küche auf. Sitzen einfach da, um mit ihr zu reden. Sie haben niemanden. Es sind Frauen, deren Ehemänner verstummt sind, die sich völlig verlassen fühlen. Eine ist dabei, die kürzlich einen Nervenzusammenbruch hatte. Ihr Mann ist einfach verschwunden und hat sie mit drei kleinen Kindern sitzengelassen.

Vor kurzem beantragte sie Sozialhilfe. Hank und Jenny haben sie begleitet. Die Frau weint. Ihr Mann hat aus Sydney angerufen. Er hat ein neues Leben angefangen, wird nicht zurückkommen und sie auch nicht mehr unterstützen.

Draußen scheint die Sonne. Rosakakadus kreischen in den Bäumen hinter dem Haus. Jennys Hühner gackern dazu. 45 Grad hat der Wetterbericht vorausgesagt. Ein normaler Sommertag in Tom Price.

An diesem Tag aber sitzt eine ungewöhnliche junge Frau in der Küche, als ich zum Frühstück komme. Ein schmales Wesen mit dunkelbrauner Haut, wirren Dreadlocks auf dem Kopf, geschmückt mit Adlerfedern. Sie hat beide Arme um die hochgezogenen Beine geschlungen, kauert auf dem Stuhl wie ein Tier, das sich fürchtet. Jenny spült gerade ab.

»Das ist Paulette«, sagt sie und nickt zur der jungen Frau hinüber. »Paulette wohnt in Wittenoom. Sie hat Probleme. Zum Glück hat ein Lastwagenfahrer sie heute morgen hier abgesetzt. Paulette kannte nur meinen Vornamen.«

Ich strecke Paulette die Hand entgegen. Die junge Frau reicht mir kurz eine schlaffe, kleine Hand, rollt sich wieder zusammen. Auf dem Küchentisch liegen die Flügel eines Falken. Ein Geschenk für Jenny. Den toten Falken hat Paulette an der Straße gefunden. Jenny stellt eine Tasse schwarzen Tee vor Paulette auf den Tisch.

»Paulette war vier Wochen lang an der Küste«, erklärt sie. »Jetzt will sie wieder nach Wittenoom zurück, aber sie hat kein Geld mehr und auch nichts zu essen.«

»Ich war in Point Samson«, flüstert die junge Frau. »Ich mußte das Meer sehen. Manchmal ist das Meer wichtig!«

Paulettes Augen sind gerötet, die gebräunte Haut auf ihren Armen und Schultern weist schwarze Male auf. Eine Vorstufe von Hautkrebs, denke ich, vielleicht sogar Melanome. Plötzlich erhebt sich Paulette geschmeidig wie ein Tier und verschwindet durch die Terrassentür in den Garten.

»Wohin geht sie?« frage ich Jenny. »Sie hat doch ihren Tee noch nicht getrunken.«

Jenny lächelt.

»Paulette ist ein seltsames Mädchen«, antwortet sie. »Paulette lebt wie die alten Aborigines. Sie würde nie eine Wassertoilette benutzen. Sie geht in den Garten, gräbt ein Loch, und dann bedeckt sie ihren Kot mit Erde.« Mehr kann Jenny nicht erklären, denn Paulette kommt zurück. Sie lächelt, trinkt ihren Tee.

Als sie erfährt, daß ich schreibe, erkundigt sie sich nach Möglichkeiten, Bücher zu veröffentlichen. Sie habe ein Tagebuch geschrieben, das sie gern zu Geld machen würde. Aus einem staubigen Leinenrucksack zieht sie ein zerfleddertes Büchlein hervor. Sie steht auf und stellt sich neben mich, schlägt das Buch vor mir auf. Paulette riecht nach den Kräutern des Outback, strömt einen warmen, würzigen Duft aus.

Zögernd blicke ich auf die Seiten, die von der roten Erde gefärbt sind. Ich lese zwei, drei Zeilen ... »Das ist zu persönlich, Paulette«, sage ich verlegen. »Das sollten Sie nicht irgendwelchen fremden Menschen zu lesen geben!«

»Aber ist nicht alles persönlich?« fragt sie. »Mich stört es nicht. Wir haben doch alle die gleichen Träume und Begierden, ist es nicht so? Bitte, lesen Sie, was ich geschrieben habe. Bitte!«

Paulette nimmt ihren Tee und geht nach draußen, läßt mich allein mit ihrem Tagebuch. Ich sehe hilfesuchend zu Jenny hinüber, doch die ist wieder mit ihrem Abwasch beschäftigt.

»Lies es ruhig«, sagt sie plötzlich. »Es ist wichtig für Paulette.« Ich überfliege die krakeligen Aufzeichnungen, die sich zu einer verzweifelten Suche nach Liebe, Geborgenheit und dem Sinn des Lebens formen. »Der Weg« taucht immer wieder auf, »der Weg«, der weiterführt, irgendwohin ..., die staubige rote Straße entlang, durch Hunger und Durst. Sie liebt einen Mann, den sie Goanna nennt. Goanna, die Echse, Goanna, ihren Seelenbruder und Geliebten, nach dem sie hungert, dessen Herz sie nicht erreichen kann. Sie geht weg, kehrt zurück, durch Hitze und Hunger. Sie möchte sterben, von einer Meereswoge zerschmettert werden. Sie möchte das Leben der Ameisen teilen, das Leben der Echsen, der Vögel im Outback. Die Sonne ist wichtig, die weiße, gleißende, gnadenlose Sonne. Und immer wieder der Schrei nach Goanna, dem Mann, dem sie ihren Körper anbietet zur spirituellen Vereinigung, die eine Vereinigung mit dem Land und dem Geist ist.

Sechs Wochen lang war sie fort, ist mit einem klapprigen Fahrrad die 500 Kilometer bis zur Küste gefahren, mit einem Huhn auf dem Gepäckträger. Das Huhn ist fortgelaufen, das Fahrrad wurde gestohlen. Sie brach in ein leerstehendes Sommerhaus ein, hat alles benutzt, sogar die Lebensmittelvorräte geplündert. Drei verschiedene Versionen eines Entschuldigungsbriefes stehen in ihrem Tagebuch. Sie bittet den Besitzer des Strandhauses um Verständnis, sie habe nichts kaputtgemacht, nur ein wenig verbraucht, meint, es müsse möglich sein zu teilen, wenn man reich ist.

Langsam blicke ich auf, mir ist, als kehrte ich aus einem Traum zurück.

»Sag nichts!« meint Jenny. »Sie hat es dir zu lesen gegeben!«

Ich mache mich auf die Suche nach Paulette, finde sie vor dem Haus im Schatten eines Bananenbaumes. Sie hockt auf den Fersen und schaut vor sich hin. Ich setze mich neben sie.

»Das ist schön, Paulette«, sage ich und ringe nach Worten. »Sie können schreiben, aber ich glaube nicht, daß Sie die Geschichten und Gedichte so, wie sie sind, veröffentlichen können. Sie müssen beides in eine Form bringen und voneinander trennen.«

Ich fühle mich mies. So reden Verlagsleute mit Autoren, die sie nicht veröffentlichen wollen. Aber ich meine es nicht so. Sie könnte diese verrückten Geschichten wirklich aufschreiben, wenn sie ein bißchen Abstand dazu hätte. Aber Paulette hat keine Distanz zu ihrem Leben. Paulette bewegt sich an der Schwelle zwischen Traum und Wirklichkeit. Ich frage sie nach ihrem Leben. Langsam antwortet sie, als erzählte sie von einer Zeit, die Jahrmillionen zurückliegt.

Sie stammt aus Chile, berichtet sie, und ist vor acht Jahren nach Australien gekommen – mit einem Stipendium für die Universität Sydney –, studierte zuerst spanische Literatur, dann Biologie. In den Semesterferien machte sie eine Reise nach Westaustralien, dabei traf sie Derek, einen dunklen, faszinierenden Mann, der im Busch lebte und Didgeridoos anfertigte, jene geheimnisvollen Musikinstrumente der Aborigines, urzeitliche Hörner, die urzeitliche Klänge hervorbringen. Seither lebt sie in Wittenoom – meist mit Derek.

Sie hat, berichtet sie weiter, viel von den Aborigines gelernt, zum Beispiel wie man sich vom Busch ernährt. Sie wolle nie mehr zurück in die Zivilisation. Hier sei das wahre Leben, hier in der Wildnis, hier könne sie Orgien der Lebenslust feiern, die Hitze, die Härte, das Wasser, den Hunger, das Fressen, die Sexualität und die Spiritualität erleben. Das sei ihr »Weg«!

Später erzählt mir Jenny, daß sie sich schon seit Monaten Sorgen um Paulette macht. »Derek ist ein gefährlicher Mann, der allgemein als Hexer gilt«, sagt sie, »einer, der mit den bösen Mächten im Bunde steht. Auch bei den Ureinwohnern gibt es gute und böse Geister, mit denen die Medizinmänner arbeiten. Derek behandelt Paulette schlecht, läßt sie hungern, gibt ihr Drogen, verläßt sie wochenlang und kehrt irgendwann zurück, ohne Erklärung. Manchmal leben die beiden von überfahrenen Känguruhs und Echsen. Wer weiß, vielleicht wird sie irgendwann sterben, wie diese Tiere am Straßenrand«, sagt Jenny und fährt sich über die Augen.

Hank und Paul bringen Paulette am selben Abend nach Wittenoom zurück. Hank ist erschöpft von der Arbeit in der Mine, doch er will sichergehen, daß Paulette heil nach Wittenoom gelangt. Vor einem Jahr sei eine junge Frau auf halber Strecke von einem Polizisten abgesetzt worden, der über Funk einen Notruf bekommen habe. Sie sei zuversichtlich gewesen, den Rest der Strecke – etwa fünfzig Kilometer – per Anhalter oder sogar zu Fuß zu schaffen. Eine Woche später fand man sie am Straßenrand. Sie war in der Hitze zusammengebrochen und verdurstet.

»Das ist ein gefährliches Land«, sagt Frank. »Man kann die Menschen hier nicht einfach sich selbst überlassen.« Er nimmt lieber die Fahrt von über 200 Kilometern Holperstraße in der Dunkelheit auf sich. Außerdem will er Paulette so schnell wie möglich loswerden.

»Jenny sammelt immer unglückliche Menschen um sich«, sagt er. »Manchmal bleiben sie wochenlang. Paulette will nach Wittenoom, das ist doch prima!«

Wittenoom ist die ehemalige Asbeststadt. Ein paar von den alten Einwohnern sind noch übriggeblieben, ein paar Aussteiger dazugekommen, insgesamt nicht mehr als dreißig, vierzig Menschen. Sie leben in den verlassenen Häusern, die noch nicht den Bulldozern zum Opfer gefallen sind. Die ganze Stadt soll dem Erdboden gleichgemacht werden. Doch die Bewohner wehren sich. Noch haben sie Strom und Wasser, leben von Sozialhilfe, Touristen und Renten. Einige verkaufen selbstgemachte Marmelade an der Straße. Besonders viel Kundschaft kommt nicht vorbei. Einmal im Monat wird ein Barbecue für alle Einwohner veranstaltet. Das einzige Ereignis in der Einöde. Frank lacht über die Asbesthysterie der Regierung.

»Hier in Tom Price ist bestimmt mehr Asbest in der Luft als in Wittenoom«, sagt er. »Bei jeder Sprengung in den Erzminen wird auch jede Menge Asbeststaub in die Gegend geschleudert. Hier ist überall Asbest im Gestein. Aber davor wird nicht gewarnt. Mit Eisenerz kann man eine Menge Geld verdienen, deshalb macht auch der Asbest nichts aus. Aber Asbest an sich ist out, deshalb kann man die Leute auch verjagen und ihnen den Strom abschalten!«

Spät in der Nacht kehren Hank und Paul aus Wittenoom zurück. Sie haben Paulette wohlbehalten in ihr halbverfallenes Haus gebracht. Offenbar war sie recht froh, obwohl Derek nicht da war und die Nachbarn ihn lange nicht gesehen hatten. Sie hat sich auf ihr Bett gesetzt und Gitarre gespielt. Hank und Paul füllten ihren Kühlschrank mit den Lebensmitteln, die Jenny eingepackt hatte. Dann fuhren sie zurück und sahen auf dem Heimweg mindestens fünfzig Känguruhs.

»Und wir haben keines angefahren!« sagt Paul stolz. »Eins hat sogar mitten auf der Straße geschlafen, rappelte sich mühsam auf, blinzelte in unsere Scheinwerfer und hüpfte dann langsam davon.«

»Okay!« sagt Jenny. »Ich hoffe nur, daß Paulette diese Geschichte mit Derek überlebt.«

Mister Man
hast du dein Gesicht angesehen
meines wird vom Land gespiegelt
deines nur vom Wasser
mein Bild reicht tief in den Sand
die Erde und die Felsen und die Bäume
da sind auch die Seelen meines Volkes
die Vögel und die Wolken und der Wind
die Sonne und der Mond und die Sterne
sprechen zu mir gehören zu mir wohnen
in mir sind alle ein Teil von mir
sie leben in meinem Herzen alle Dinge
alle von Gott geschaffenen Dinge
sind in mir dieses ganze Universum
ist in mir – wir sprechen und weinen
wir unterhalten uns, tanzen und singen
und ich bringe die Geschenke meines Herzens
meiner Liebe, um die Gott mich gebeten hat.[14]

KEVIN GILBERT

Hank führt uns zu Felsmalereien der Ureinwohner in der Nähe von Tom Price. Wir stellen das Auto neben den Gleisen der Hamersley Iron Eisenbahn ab, klettern durch eine riesige Röhre unter dem Bahndamm. Während der Regenzeit und bei heftigen Gewittern rauscht ein gewaltiger Wasserstrom durch diesen Durchlaß. Auf der anderen Seite des Bahndamms tut sich ein merkwürdiges Felsental auf, weit und flachgeschliffen in der Mitte, bizarr aufragend an den Seiten. Schwarzroter Fels, dürre Bäumchen, ein leichter Verwesungsgeruch. Ein totes Kaninchen liegt auf der roten Erde.

Hank sagt nicht viel, deutet auf die Felsen. Erst allmählich erkennen wir die Gestalten. Wer es nicht weiß, nicht darauf achtet, würde sie nicht bemerken. Kleine Strichmännchen, Tiere, Kreise, eine Schlange. Eine dumpfe Kraft ist zu spüren – die Felsen erzählen die Geschichte eines Clans, ein Jäger mit Speer, ein Emu, dann Erstaunliches: Oben auf einer flachen Felsplatte die Abbildung eines tasmanischen Beuteltigers, eines Tieres, das schon seit langer Zeit ausgestorben ist.

Hank bittet uns, dem Geist des Ortes unsere Ehrerbietung zu erweisen, uns zu verbeugen und ihn um seine Unterstützung zu bitten. Paul macht sich ein wenig lustig über uns beide, die wir mit gefalteten Händen still dastehen und uns der Kraft des Ortes überlassen.

»Du solltest ganz besonders um Erlaubnis bitten«, ruft Hank ihm zu. »Du machst schließlich Fotos. Vielleicht gefällt das dem Geist nicht.«

»Meine Güte, alter Junge!« ruft Paul zurück. »Ich habe nicht gewußt, daß du inzwischen zu einem Abo geworden bist!«

Hank zuckt die Achseln.

»Ich habe so meine Erfahrungen«, antwortet er. »Du wirst deine auch noch machen!«

»Was willst du damit sagen?« fragt Paul zurück.

»Nichts, du wirst schon sehen. Wir alle werden es sehen.«

Die Hitze flimmert über den roten Felsen, die Figuren verschwimmen vor meinen Augen. Ich entdecke eine ganze Familie kleiner Gestalten – Männer, Frauen und Kinder –, alle tragen Speere, sind unterwegs, auf der Jagd oder beim Walkabout. Am Boden eine riesige Schlange, aus Fels geformt und unzählige Male nachgezeichnet, vielleicht jahrtausendemal. Ich setze mich mitten zwischen die Zeichnungen, in ein weites Steinbecken. Von hier aus kann ich die Berge sehen und hinter den Bergen die unendliche Weite. Es ist ein heiliger Ort, der mich beunruhigt und gleichzeitig ruhig macht.

Hank sitzt nicht weit von mir. Nach einer Weile wendet er mir den Kopf zu. »Traumzeit hat nichts mit Träumen zu tun«, sagt er leise. »Traumzeit ist die Legende vom Ursprung des Lebens. ›Träumen‹ bedeutet, daß jemand spirituelles Wissen besitzt.«

Vor ein paar Tagen hat Hank mir gesagt, daß er nicht religiös sei, jedenfalls nicht im christlichen Sinn. Ich weiß inzwischen, daß er über ein gewisses Maß an spirituellem Wissen verfügt, auch wenn er das nie zugeben würde.

»Kommen denn Aborigines hierher?« frage ich ihn. »Es ist doch ihr heiliger Ort, nicht wahr?«

Hank reibt sich die Nase und blickt über das Land.

»Es gibt nicht mehr viele, die alle heiligen Orte kennen«, antwortet er. »Erst in den letzten Jahren haben sie angefangen, sich zu erinnern. Sie sind von Tom Price weggegangen und leben wieder im Busch. Sie haben den Karijini-Nationalpark zurückbekommen und kümmern sich seitdem wieder um das Land. Einige von ihnen haben sogar Führungen für Touristen gemacht. Aber die haben sie schon wieder eingestellt. Warum, weiß ich nicht. Sie suchen. Sie suchen sich selbst.«

Als wir nach einer Weile zum Auto zurückkehren, paßt der Schlüssel nicht. Grinsend wendet Hank sich an Paul: »Da hast du's, die Geister sind zornig!«

Paul schaut ein wenig verwirrt, versucht selbst, den Schlüssel ins Türschloß zu stecken. Es geht nicht.

»Und jetzt?« fragt er. »Ich meine, es ist doch unmöglich, daß ein Autoschlüssel plötzlich nicht mehr paßt! Dafür könnt ihr doch nicht mich verantwortlich machen!«

Hank grinst noch breiter.

»Jetzt«, antwortet er, »gehen wir zu Fuß zurück. Es sind ungefähr fünf Kilometer, im Augenblick haben wir schätzungsweise 42 Grad, und macht euch keine Hoffnung, daß uns jemand mitnimmt. Auf dieser Straße fährt selten ein Auto.«

Wir gehen, schweigend. Ein Büschel Papageienfedern liegt im Sand. Schweiß läuft über unsere Gesichter. Paul wirkt schuldbewußt. Kurz vor den ersten Häusern der Stadt meint Hank, er habe aus Versehen den falschen Schlüssel ins Schloß gesteckt – den für die Zündung, nicht den für die Tür.

»Himmel!« sagt Paul.

Wir haben die Müllkippe von Tom Price gesehen. Dort wird alles gelagert, wild durcheinander. Es gibt keine Mülltrennung im Outback, es gibt nur einen großen Platz voller Müll. Alles ist hier zu finden: alte Autos, Plastik in allen Variationen, Giftmüll, alte Turnschuhe, Möbel, Flaschen, Kinderspielzeug, Fernseher, Kühlschränke – einfach alles. Wir streifen durch die Zivilisationshalden, heben hier und dort etwas auf. Hank findet eine Teufelsmaske, eine Echse aus Gummi. Er setzt die Maske auf, feixt.

»Seltsam«, sagt er plötzlich. »Könnt ihr euch vorstellen, an so einem Ort Selbstmord zu begehen? In Tom Price gibt es viele Selbstmorde, und die meisten werden hier begangen!«

Ich schaudere. Es ist, denke ich, als würde sich ein Mensch selbst auf den Müll werfen, zu all den Sachen, die er zuvor weggeworfen hat, achtlos.

»Auch Frauen?« frage ich.

»Nein, nur Männer«, antwortet Hank und setzt die Teufelsmaske ab.

Am nächsten Morgen holen wir uns die offizielle Genehmigung der Hamersley-Iron-Minengesellschaft für die Benutzung der Access Road, der einzigen direkten Straßenverbindung zum Meer. Die rote Staubstraße folgt der Eisenbahnlinie, blau leuchten die Berge der Hamersley Ranges am Horizont. Eine Windmühle steht ein wenig abseits der Straße auf der roten, krustigen Erde. Sie klappert und quietscht, pumpt gemächlich Wasser in einen Trog. Spinifex-Täubchen trinken hastig, rennen ängstlich in den Schatten eines Mulgabaumes. Ein Känguruhskelett liegt nur wenige Meter vom Wassertrog entfernt. An den weißen Knochen hängen noch ein paar Fellfetzen. Dieses Land macht den Tod ständig mit allen Sinnen erfahrbar, man kann ihn beinahe schmecken. Salzig und staubig ist er und sehr heiß – nicht kalt, wie bei uns. Rote Staubfahnen hinter uns lassend, folgen wir der Access Road. Der Eisenerzzug überholt uns, scheint kein Ende nehmen zu wollen. Zwei Kilometer ist er lang.

»Da fahren sie unser Land weg«, meint Paul.

Seit wir die Pilbara-Region erreicht haben, steigen die Temperaturen jeden Tag auf über 40 Grad. Ich beginne meine Stiefel zu hassen, trage sie dennoch, weil wir häufig anhalten und aussteigen. Es ist zu anstrengend, die Stiefel ständig an- und auszuziehen. Und ohne Stiefel in den Busch zu gehen kann einem Selbstmordversuch gleichkommen. Man weiß nie, ob nicht eine Schlange wartet. Wir fahren langsam. Die Hitze versetzt uns in einen tranceähnlichen Zustand. Hin und wieder gießen wir uns Eiswasser über den Kopf, trinken gierig. Unsere große Wasserflasche ist mit Styropor umkleidet. Auf diese Weise bleibt das Wasser stundenlang kühl, selbst die Eisstückchen schmelzen erst nach vier oder fünf Stunden.

Wir sprechen kaum noch, berühren uns nicht. Jede Berührung wäre zuviel, ja schmerzhaft in dieser Glut. Wir fahren einen halben Tag durch Stachelkopfgras. Noch kann ich die Schönheit wahrnehmen, doch auch sie schmerzt, wie eine Berührung, die man nicht ertragen kann. Endlich erreichen wir die Abzweigung zum Nationalpark. Paul spricht zum erstenmal seit zwei Stunden, lächelt sogar.

»Millstream ist ein Paradies«, sagt er. »In ein paar Minuten bist du im Wasser, und alles andere ist vergessen!«

Ich antworte nicht, reiche ihm statt dessen die Wasserflasche und versuche zu lächeln. Ich befürchte, daß nur heiseres Geschrei herauskäme, wenn ich zu antworten versuchte.

Paul trinkt und räuspert sich dann. In seinen Augenwinkeln zuckt es.

»Hank hat mir erzählt, daß vor ein paar Jahren irgend so ein verrückter Student aus Perth zu Fuß hier in der Gegend unterwegs war. Er hatte nur eine kleine Wasserflasche dabei, und er hat sich verlaufen. Konnte diesen verdammten Millstream einfach nicht finden. Irgendwann wußte er, daß er verdursten würde. Da hat er den Busch angezündet. Es gab einen der größten Brände, die jemals hier durchgerast sind. Eine Woche lang hat das Feuer gewütet. Der ganze Nationalpark war in Asche gelegt. Aber die Feuerwehrleute haben den Jungen noch rechtzeitig gefunden. Er hat überlebt.«

»Ich kann ihn verstehen«, antworte ich leise. Ich kann tatsächlich noch sprechen. »Ich zünde auch bald ein Feuer an, wenn du das versprochene Paradies nicht findest!«

»Wir haben noch sechzig Liter Wasser auf dem Dach«, grinst Paul.

»Aber es kocht!« antworte ich.

Plötzlich verändert sich die Landschaft. Grün schiebt sich über das Rot, Palmen wachsen an der Straße, Schilfrohre, üppiger

Dschungel breitet sich aus. Einen Augenblick lang bin ich nicht sicher, ob ich halluziniere, doch dann biegt Paul in einen kleinen Seitenweg ein und hält kurz darauf auf unter riesigen Eukalyptusbäumen. »Da!« sagt er.

Ich starre auf die breite Wasserfläche hinter den Schilfhalmen. Der Millstream! Wieder reißen wir uns die Kleider vom Leib, springen in der Unterwäsche in das kühle Wasser, mischen uns unter die Pelikane, Wasserhühner und Fische, tauchen und jubeln, werden wieder lebendig. Erst später wird uns bewußt, daß wir ganz allein sind, daß wir auf einem der ordentlichen Campingplätze der australischen Nationalparks gelandet sind – mit Klohäuschen und Mülltonnen und sogar ein paar Tischen und Bänken. Wir bauen unser Zelt auf, beginnen mit der Zubereitung des Abendessens: Salat und Fertignudeln in Curry. Am westlichen Horizont ziehen blauschwarze Wolken auf, durchzuckt von grellen Blitzen.

»Sie ziehen nach Süden!« sagt Paul, der gerade unsere Lampe aufstellt.

Ich schneide Tomaten, höre den unzähligen Vögeln zu, die sich um die Millstream-Oase sammeln. Hin und wieder werfe ich einen Blick auf die Wolken. Sie scheinen im Kreis um uns herumzuziehen – erst nach Süden, dann nach Osten. Ich lege die Nudeln ins kochende Wasser. Die Wolkenwand scheint höher zu werden. Donner rollt in den Ferne. Die Nudeln müssen genau drei Minuten kochen. Ich sehe auf die Uhr. Mit langsamen, mächtigen Flügelschlägen ziehen Pelikane über das Wasser. Gelbliches Licht überzieht das Land, giftiges Licht. Ich gieße die Nudeln ab, mische den Curry darunter. Plötzlich verstummen die Vögel. Als hätte jemand sie ausgeschaltet. Ich schaue auf. Von Osten her nähert sich eine schwarzrote Wand.

»Das Zelt!« schreit Paul und fügt noch etwas hinzu, das vom Brüllen der schwarzroten Wand übertönt wird.

Ich renne zum Zelt, reiße die Heringe aus dem Boden, lege es flach. Dann packe ich den Nudeltopf, den Salatteller und die Rotweinflasche und verstaue alles im Wagen. Roter Staub rast auf mich zu, der Sturm wirft mich beinahe um, Nacht bricht über uns herein, schwarzrote Nacht. Paul steht im Sturm und macht ein Foto, dann reißt er den Arm hoch, schreit etwas. Ich verstehe ihn nicht, aber ich springe ins Auto und knalle die Tür zu. Paul erreicht fast gleichzeitig den Beifahrersitz. Um uns bricht die Hölle los. Gewaltige Blitze fahren nieder, neben dem Auto, davor, zwischen den Donnerschlägen keine Pause. Der Wagen bebt im Sturm.

»Faß kein Metall an«, flüstere ich. Wir halten uns an den Händen, sitzen reglos, starren hinaus in das tobende Unwetter. Dann kommt der Regen, nein, kein Regen, eine Sturzflut. Paul entzieht mir seine Hand und entkorkt die Weinflasche.

»Das Schlimmste ist vorbei«, sagt er und hält mir die Flasche hin.

Unwetter im Outback bedeuten nicht nur Angst und Schrecken, sondern vor allem roten Schlamm. Als wir zwei Stunden später vorsichtig aus dem Wagen steigen, versinken unsere Stiefel im Morast. Es ist stockfinster. Das Kabel unserer Campinglampe ist gerissen. Wir richten die Autoscheinwerfer auf unser Lager. Das Zelt ist überflutet, Schlafsäcke, Kissen und Decken klatschnaß. Wieder verbringen wir eine Nacht im Auto, können nicht schlafen. Ich lese Paul eine Legende der Aborigines vor:

»Weemullee, die Eule, und Wilanjee, der Wirbelwind, waren einst junge Männer und gute Freunde. Gemeinsam gingen sie auf die Jagd, nahmen zusammen ihre Mahlzeiten ein, schliefen jede Nacht im selben Lager und schwatzten den ganzen Tag miteinander.

Das Merkwürdige aber war, daß Wilanjee für den Gefährten unsichtbar blieb. Die neugierige Eule, die alles daransetzte, den geheimnisvollen Freund endlich zu Gesicht zu bekommen, starrte unablässig in seine Richtung, bis ihre Augen mit der Zeit immer größer und runder wurden. Wenn die beiden auf die Jagd gingen, so wanderten die Waffen des Wirbelwinds neben Weemullee her, ohne daß ihr Träger sichtbar wurde. Hatten sie ein Känguruh nach langer Verfolgung schließlich müdegehetzt, dann beobachtete die Eule, wie der Speer sich in der Schleuder wiegte und, von Geisterhand geworfen, sein Ziel traf. Weithin war der triumphierende Schrei des Jägers zu hören, der die Beute zur Strecke gebracht hatte. Wenn die jungen Männer herbeistürzten, um dem Tier den letzten, tödlichen Hieb zu versetzen, war es Wiljanees Keule, die den Schlag führte.

All dies war der Eule natürlich ein Ansporn, das Geheimnis zu ergründen. Vergeblich mühten sich ihre großen, runden Augen, aber immer wieder starrten sie nur ins Nichts.

Eines Tages waren die Freunde wie gewöhnlich auf der Jagd und erbeuteten mehrere Warane und Wildenten. Gegen Abend kletterte Weemullee noch flink auf den großen Eukalyptusbaum in der Nähe des Lagers und zog eine fette, junge Beutelratte aus dem hohlen Baumstamm.

›Wirf sie herunter‹, rief Wilanjee, ›das gibt einen saftigen Braten.‹

Im Lager wurde die Beute dann über dem Feuer gebraten, wobei Wilanjee die verschiedenen Tiere jeweils auf besondere Art zuzubereiten wußte. Es war ein richtiges Festmahl. Bald darauf rollte sich der Wir-

belwind müde vom vielen Essen in seine Felldecke und fiel in einen tiefen Schlaf.

Nun konnte Weemullee seine Neugierde nicht länger bezähmen. Das war die Gelegenheit, auf die er so lange gewartet hatte. Lautlos huschte der Eulenmann um das niedergebrannte Lagerfeuer herum, hob behutsam einen Zipfel von Wilanjees Decke hoch und schaute mit weitaufgerissenen Augen darunter. Da war es auch schon geschehen. Heulend brach der Wirbelwind aus dem Dunkel hervor und zerstreute glühende Holzkohle, Waffen und abgenagte Knochen in alle Himmelsrichtungen. Weemullee selbst wurde von dem pfeifenden Luftstrom mit solcher Wucht in einen hohlen Baumstamm gedrückt, daß er aus dem obersten Astloch wieder herausschoß und weit über die Ebene wirbelte. Verzweifelt versuchte Weemullee noch immer, den unheimlichen Freund zu Gesicht zu bekommen, der ihn vor sich her durch die Lüfte jagte. Aber so sehr er den Kopf auch drehte und wendete, er konnte nichts sehen. Zuletzt bekam er einen starken Akazienast zu fassen, an den er sich klammerte, bis Wilanjee, der Wirbelwind, vorbeigebraust war.

Seit dieser schrecklichen Nacht aber sind die Augen der Eule so groß und rund, wie sie es noch heute sind.«[15]

»Ich bin sicher, daß meine Augen auch größer geworden sind«, sagt Paul und sinkt erschöpft in den Sitz zurück.

Am nächsten Morgen waschen wir Schlafsäcke und Kissen aus, hängen sie zum Trocknen auf die Äste der Eukalyptusbäume. Wir gehen mit dem Zelt schwimmen, um den roten Schlamm herauszuspülen. Als wir wieder ans Ufer klettern, hält vor uns ein großer Landrover.

Der Ranger ist ein Aborigine. Er lehnt sich an seinen Wagen und betrachtet unser chaotisches Lager, die tropfenden Schlafsäcke, dann lächelt er plötzlich.

»Ziemlich rauhe Nacht, was!« sagt er. »Wollte nur sehen, ob hier alles in Ordnung ist. Ihr braucht nichts zu zahlen. Aber ich werde den Platz schließen, sonst bleibt noch jemand im Schlamm stecken. Ihr könnt bleiben, bis ihr trocken seid. Wenn ihr abfahrt, dann hängt bitte die Kette wieder vor die Einfahrt.« Er lüpft seinen Hut, steigt in seinen Geländewagen und fährt weiter.

Wir aber kämpfen einen halben Tag lang mit rotem Schlamm, der in riesigen Klumpen an unseren Stiefeln hängenbleibt, sich überall festsetzt und vermutlich für immer alle unsere Sachen einfärbt. Wir schwimmen, drei-, vier-, fünfmal. Riesige Libellen umschwirren unsere Köpfe, dunkle Fischleiber nähern sich unseren Körpern. Winzige Zähne knabbern neugierig an unserer Haut.

»Bist du sicher, daß es hier keine Piranhas gibt?« rufe ich Paul zu.

»Ich weiß nur, daß es hier keine Krokodile gibt!« ruft er zurück. »Die Krokodilregion beginnt fünfhundert Kilometer weiter nördlich.«

Gegen Nachmittag ist endlich alles trocken. Wir fahren weiter. Auf der Straße noch immer tiefe rote Seen. Einmal wäre Betsy um ein Haar steckengeblieben. Doch dann lassen wir die Gewitterzone hinter uns. Die bisherige Hitze war nichts im Vergleich zu der Hölle, die uns im Chichester Nationalpark erwartet. Wir haben die Access Road verlassen und sind in Richtung Roeburn unterwegs – auf direktem Weg zur Küste –, durchqueren eine Urweltlandschaft mit abgeflachten Bergen und eigenartigen Pyramiden. Außer dem Ranger haben wir seit zwei Tagen keine Menschenseele mehr gesehen. In der Ebene zwischen Nationalpark und Küste klettert die Temperatur auf 50 Grad. Wir schauen geradeaus und beißen die Zähne zusammen. Irgendein Wahnsinniger hat 1965 in dieser Hölle eine Rinderfarm aufgemacht. Ein großes Schild an der Staubstraße weist darauf hin. Eine tote Kuh liegt mitten auf der ausgedörrten Ebene.

Ihr Leib ist aufgetrieben, Adler umkreisen sie. Wir fahren, halb bewußtlos, erreichen den North West Coastal Highway. Häuser tauchen vor uns auf. Wir sind in Roeburn, einer kleinen Küstenstadt, von der Paul schlimme Dinge erzählt hat. Sie würde von gewalttätigen Aborigines bewohnt. Der Pächter des Hotels wechsle manchmal alle vier Wochen – wegen der Schlägereien. Wir sind zu erschöpft, um uns auf Roeburn einzulassen, halten nur an der Tankstelle. Wir brauchen frisches Eis, Benzin, eine eiskalte Cola!

Die Frau an der Tankstelle ist blond und stammt aus Schweden. Sie erklärt uns etwas, was wir schon in Wiluna gehört haben: Nicht die Aborigines sind die Schläger. Es sind die weißen Arbeiter aus den Salzminen vor der Stadt. In ihren Unterkünften dürfen sie nicht trinken und prügeln. Deshalb kommen sie in die Stadt und legen sich mit den Aborigines an. Männer ohne Familien, die den ganzen Tag in sengender Sonne schuften. »Halb verrückt sind die!« sagt die blonde Frau. Freundlich bedient sie ein Aborigine-Mädchen, das drei riesige Colaflaschen kauft. Das Mädchen lächelt uns an und streicht sich über die Stirn.

»Heiß heute«, sagt es und geht.

Noch heißer und stickiger ist es in Cossack, einer seltsamen Museumssiedlung mitten in den Mangrovenwäldchen direkt am Indischen Ozean. Eine alte Poststation, ein Museum, ein Schulhaus, ein Gefängnis, Reste der Eisenbahn und ein Backpacker Hostel. Gefängnisse waren die ersten Stützpunkte der Eroberer in Australien.

Überall findet man ihre Spuren. Aborigines kannten keine Gefängnisse. Sie waren über 100 000 Jahre ohne sie ausgekommen.

Wir sehen uns die Zimmer im Hostel an. Die Luft in den Räumen ist so drückend heiß, daß ich entsetzt nach draußen laufe.

»Ich würde euch nicht empfehlen, hier zu übernachten«, sagt der Verwalter, ein dicker Mann in Unterhemd und Shorts. »Ohne Klimaanlage ist es mörderisch. Fahrt lieber nach Point Samson und schlagt euer Zelt am Meer auf.«

Auf der Terrasse des Hostel sitzen zwei junge Leute mit hochroten Gesichtern, sonnenverbrannt.

Sie trinken Bier aus Dosen und lesen in einem Reiseführer.

»Die sind heute mit dem Fahrrad hier angekommen«, flüstert der Verwalter und grinst. »Deutsche. Fahren doch tatsächlich mit dem Fahrrad hier herum. Im Sommer! Nur Irre, Engländer oder Deutsche können auf so eine Idee kommen!«

Wir fliehen aus Cossack an die Küste, hinaus auf die Halbinsel Point Samson. Doch auch hier ist es nicht kühler. Zehn Monate hat es in dieser Gegend nicht mehr geregnet. Immerhin gibt es wunderbaren Fisch und kaltes Bier in einem Pub gleich hinter dem Campingplatz. Doch in dieser Nacht fallen Milliarden winziger Moskitos in unser Zelt ein und bereiten uns Höllenqualen.

Von Point Samson flüchten wir nach Dampier, übersät mit Mückenstichen. Unsere Nerven werden empfindlicher.

»Ich hasse die Hitze!« sagt Paul und starrt verbissen auf die Straße.

Dampier liegt in einer weiten Bucht, einem geschützten natürlichen Hafen. Man erreicht es über einen Damm, der durch schneeweiße Salzfelder führt. Salzfelder neben roter Erde. Meine Haut ist salzig vom Schweiß. Die Mückenstiche jucken.

Auch in Dampier gehört nahezu alles der gigantischen Eisenerzgesellschaft Hamersley Iron. Hier ist der Eisenerzhafen, und hier ist die Endstation der Züge, die zweimal täglich aus dem Outback anrollen. Hier gibt es aber auch Salzminen und Erdgasförderung. Alles gehört Hamersley Iron. In Dampier sind viele Straßen gesperrt, verboten, Sicherheitszonen. Kaum biegt man von der Hauptstraße auf einen Feldweg ab, nähert sich den Gleisen oder den Hafenanlagen, wird man von einem unauffälligen Wagen gestoppt: Hamersley Iron Security! Die Augen des Sicherheitsdienstes sind überall. Ich frage mich, wovor die sich fürchten. Eisenerz kann man schlecht klauen – es ist ziemlich schwer und in kleinen Mengen wertlos. Sabotage erscheint mir unwahrscheinlich. Ich fühle mich unbehaglich in dieser überwachten Umgebung, wie in einem Polizeistaat.

»Westaustralien ist ein Polizeistaat«, sagt Paul.

»Wieso?« frage ich.

»Polizei und Sicherheitsdienste haben hier große Macht, und viele Leute fürchten sich vor den Jungs – nicht nur Aborigines.«

Doch Hamersley Iron hat in Dampier auch ein äußerst angenehmes Umfeld für seine Angestellten geschaffen. Schöne Häuschen in grünen Gärten, einen traumhaften Strand mit Palmen, Clubhaus und Schattenplätzen, ein riesiges Einkaufszentrum und ein Hotel mit der größten TV-Projektionsfläche, die ich je gesehen habe. Dicke Familien sitzen beim Abendessen davor, stopfen fettes Fleisch und Pommes frites in sich hinein. Die Menschen reden nicht miteinander, sie starren auf die riesige Fernsehleinwand, die vorwiegend Werbespots zeigt.

»Zu Hause machen die das auch nicht anders«, meint Paul. »Durchschnittsaustralier können ohne Fernsehen nicht mehr leben!«

Immerhin finden wir einen Zeltplatz mit erfrischender Meeresbrise und ohne Moskitos. Zum erstenmal seit Tagen schlafe ich länger als vier Stunden. Aber ich habe in Dampier keinen einzigen Aborigine gesehen.

Walkabout. Wir folgen keinem unsichtbaren Pfad, den unsere Vorfahren in Liedern besungen haben, wie die Vorfahren der Ureinwohner. Wir folgen unserem unsichtbaren Zeitplan und unserem Instinkt. Aus irgendeinem Grund haben wir uns Exmouth ausgesucht, einen abgelegenen Fischerort am äußersten Zipfel einer Halbinsel, die in den Indischen Ozean hinausragt. Dort liegt auch der Ningaloo Marine Park, ein Korallenriff, nicht so groß wie das Great Barrier Reef, aber mindestens so schön und nahezu unberührt vom Tourismus. Der Weg von Dampier nach Exmouth führt durch eine Steigerung der heißen Hölle. Der North West Coastal Highway durchquert ausgedörrtes Buschland, das von Bränden verkohlt ist. Hunderte von Kilometern kämpfen wir uns durch die Glut, erreichen endlich das Nanutarra Roadhouse, die einzige Tankstelle auf dem Weg nach Carnavon. Riesige Trucks machen hier Station, die Expreßbusse von Perth nach Darwin und jeder, der irgendwohin unterwegs ist. Hinter dem Roadhouse liegt der ausgetrocknete Flußlauf des Ashburton River. Im Winter soll hier angeblich ein reißender Strom fließen. Ich kann es nicht glauben.

Im Roadhouse bekommt man Wasser nur gegen Bezahlung. Jeder Tropfen wird hier zu Geld gemacht. Auch hier ist die Frau hinter der Theke eine Maori aus Neuseeland. Sie wirkt streng, lächelt kaum. Sogar in einem Raum mit Klimaanlage ist es zum Lächeln zu heiß. Meine Haut ist von einer salzigen Kruste bedeckt, die Mückenstiche aus Point Samson jucken fürchterlich. Ich fühle mich dieser Hitze gegenüber hilflos. Da hilft nicht einmal Gleichgültigkeit. Hitze macht aggressiv, doch es ist eine hilflose Aggressivität, die sich gegen nichts richten kann. Plötzlich begreife ich, daß Menschen vor Hitze den Verstand verlieren können. Mein schwarzes Hemdchen ist inzwischen weiß verkrustet von den Mineralstoffen, die mein Körper verloren hat. Es ist beinahe Nacht, als wir Exmouth erreichen. Ein frischer Wind weht vom Meer her.

»Wir sollten erst einen Platz für unser Zelt suchen«, meint Paul.

»Wenn du das tust, bekomme ich zum erstenmal auf dieser Reise einen hysterischen Anfall!« antworte ich. »Was ich jetzt brauche, ist ein Hotel mit Klimaanlage, ein Klo, auf dem ich mein Oberteil wechseln kann, und ein kaltes Bier!«

Paul wirft mir einen schrägen Blick zu und steuert sofort das Exmouth Hotel an.

Exmouth war bis vor wenigen Jahren ein Stützpunkt der US-Marine, eine Art Kommunikationszentrum für Aktivitäten im Indischen Ozean. Noch heute kursieren Legenden um diesen Stützpunkt, der inzwischen aufgelassen wurde. Die Leute vor Ort vermuten, daß die Amerikaner Weltraumexperimente überwacht, daß sie Außerirdische observiert haben. Irgendwo an dieser Küste kamen damals auch die Trümmer des Skylab herunter. Heute stehen in Exmouth noch ein paar große »Schüsseln« und viele hohe Masten herum. Ein paar Baracken, verlassene Autos, ein Schiff – sonst nichts. Die kleine Stadt hat finanzielle Probleme; weil die Amerikaner abgezogen sind, ist sie wieder ganz auf die Fischereiindustrie und ein wenig Tourismus angewiesen.

Es ist schon Nacht, als wir das Exmouth Hotel verlassen. Wir sind beide so erschöpft, daß unsere Knie leicht zittern. Paul hat einen ganz bestimmten Campingplatz ausgesucht, der zehn Kilometer außerhalb der Stadt liegt, direkt am Meer und am Eingang zum Ningaloo Marine Park. Durch die offenen Fenster unserer Betsy strömt köstlich kühle Luft. Ein paar Känguruhs hüpfen über die Straße, dann endlich der Lighthouse-Campingplatz. Irgendwo muß hier ein alter Leuchtturm herumstehen. Doch es ist zu dunkel, um irgend etwas zu erkennen. An der Tür des Platzwarts hängt ein Schild: Sucht euch einen Platz – wir sehen uns morgen!

Wir tappen in der Finsternis herum, stellen unser Zelt unter einem schütteren Tamariskenbaum auf, arbeiten mit zusammengebissenen Zähnen, um unsere Müdigkeit zu unterdrücken. Endlich ist die Luftmatratze aufgepumpt, endlich sind die Schlafsäcke bereit, die Wertsachen im Kofferraum eingeschlossen. Wir sinken auf unser Lager.

»Weißt du was?« flüstert Paul. »Ich hasse Camping!«

Wir schlafen sofort ein. Wissen nicht, was uns erwartet, aber es ist uns auch egal. Die Nacht ist kühl, das ist alles, was zählt.

Irgend etwas dringt in mein Bewußtsein. Ein wunderbares Flöten, durchdringend. Meine Augen sind geschlossen, ich träume Musik. Doch das Flöten wird immer lauter, ist auch noch da, als ich endlich die Augen öffne. Vorsichtig krieche ich aus dem Zelt. Zwei

Meter vor mir sitzt ein großer braunweißer Vogel auf dem Boden und singt mich an. Als ich mich aufrichte, fliegt er auf den Tamariskenbaum und schaut auf mich herab. Wieder schmettert er sein süßes, freches Lied. Paul ist ebenfalls aufgewacht. Wir stellen unsere Campingstühle auf, den Tisch, und bereiten das Frühstück. Plötzlich sind unzählige Vögel um uns herum: Cape Canaries, kanarienähnliche Vögel mit gelben Schnäbeln, schwarzweiße Peewees, Wüstentäubchen, Kakadus und zwei der Flötenkünstler, die den häßlichen Namen Butcherbird tragen. Gemessen an den europäischen Würgervögeln sind sie Riesen. Palmen und Tamarisken stehen auf dem leeren Campingplatz, und über uns, auf einem Hügel, der Leuchtturm. Die Vögel hüpfen auf unseren Tisch, stibitzen Rosinen aus dem Müsli. Der Würger schnappt sich blitzschnell eine Scheibe Toastbrot und schleudert sie auf den Boden. Zwei Täubchen nehmen ein Bad in den feinen Tropfen des Rasensprengers, der nebenan das Gras bewässert. Sie legen sich auf die Seite und strecken ihre Flügel dem zarten Regen entgegen.

»Vielleicht gibt es doch ein Paradies«, sagt Paul und lächelt. »Vielleicht haben wir es mitten in der Nacht gefunden.«

Der Mensch wächst nicht anders heran als die Vögel und Reptilien – so wie die Schildkröten Jahr für Jahr zum Sandstrand zurückkehren, um dort ihre Eier zu legen, und die Brolgas zur salzigen Lehmmulde, um dort zu nisten, kehren auch die Menschen zurück – zu ihrer Hütte, in ihr Heim. Da bin ich![16]

BAHUMIR WONGAR

Wir haben seltsame Spuren am Strand entdeckt, die aus dem Meer zu kommen scheinen, breiten Reifenabdrücken ähnlich, wie von einbeinigen Landrovern. Es sind die Spuren der grünen Meeresschildkröten, die im Februar und März in den Sanddünen des Ningaloo Marine Park ihre Eier ablegen. Der Pächter des Campingplatzes rät uns, in einer der hellen Nächte hinauszuwandern und ihnen zuzusehen.

»Aber ihr müßt vorsichtig sein«, meint er. »Ihr dürft sie nicht erschrecken. Nähert euch langsam, macht keinen Lärm, nehmt keine zu hellen Taschenlampen. Sie haben keine Angst, wenn sie spüren, daß ihr Respekt vor ihnen habt.«

Mühsam unterdrücken wir unsere Ungeduld, verbringen den Tag mit den zutraulichen Vögeln, waschen endlich unsere Wäsche, erholen uns von der Gluthitze der letzten Tage. Auch hier ist es heiß, aber immer weht ein frischer Wind vom Meer her, biegt die Palmen und die Tamarisken. Um zehn Uhr ziehen wir los, durchqueren die Dünen und gehen behutsam am Strand entlang. Der Sand leuchtet hell in der Dunkelheit. Das Meer ist fast schwarz, der Himmel aber blitzt und strahlt, ist geschmückt mit Milliarden von Sternen.

Wir gehen schweigend, hin und wieder läßt Paul das Licht der Taschenlampe über den Sand gleiten. Nach einer halben Stunde haben wir noch immer keine frischen Spuren entdeckt.

»Vielleicht haben sie heute nacht keine Lust«, mutmaßt Paul.

»Macht nichts«, antworte ich. »Ich könnte stundenlang einfach weiterlaufen.«

Doch wenig später stoßen wir auf eine sehr breite Spur, die zu den hohen Dünen hinaufführt. Die Spur ist ganz frisch. Deutlich sind die tiefen Flossenabdrücke neben den flachen des Bauchpanzers zu erkennen. Leise folgen wir der Spur hinauf in die Dünen. Sand fliegt vor uns auf, ein sanftes Seufzen dringt aus einer tiefen Mulde. Der Panzer der Schildkröte schimmert im Sternenlicht. Wir schleichen um ihre Grube herum, legen uns auf den Bauch. Der nackte, runde Kopf des riesigen Tieres hebt sich ein wenig. Sie schaut uns an. Reglos bleiben wir liegen. In Gedanken gebe ich der Schildkröte den Namen Mathilda. Ihr Körper hebt und senkt sich von der Anstrengung, sie gräbt und gräbt, schleudert Sand hinter sich. Wir bleiben bei ihr. Mathilda gräbt noch fast eine Stunde, ehe sie sich ausruht. Dann seufzt sie abermals tief, und unzählige runde Eier gleiten aus ihrem Körper in den Sandkrater.

Inzwischen hat sie sich an uns gewöhnt. Ich spreche leise mit ihr, sie hebt den Kopf und seufzt, als wollte sie mir von all den Mühen erzählen, die sie durchlitten hat. Über eine Stunde dauert es, bis sie alle ihre künftigen Kinder in den Sand geboren hat. Kinder, von denen sie nie wissen wird, ob sie überlebt haben. Irgendwann werden sie von der Sonne ausgebrütet sein, sich aus dem Sand wühlen und ans Wasser krabbeln, eine leichte Beute für die Seevögel. Nur wenige werden das Meer erreichen, und noch weniger werden zu großen Schildkröten heranwachsen.

Mathilda ruht sich lange aus, dann geht sie schwerfällig daran, Sand auf ihre Eier zu werfen. Plötzlich verfängt sich eine ihrer Flossen in den Wurzeln eines Strauches. Sie hängt fest, ihr Körper zuckt. Paul und ich robben näher heran und befreien sie aus der Wurzelfalle. Wieder ruht sie sich aus. Doch dann arbeitet sie mit neuer

Kraft weiter, bewegt eine ganze Düne. Zweige fliegen durch die Luft, Sand stiebt auf. Endlich ist sie fertig, kriecht langsam an den Rand der Düne, scheint zu überlegen, ob sie genügend Sand auf die Eier geschaufelt hat. Ihr Kopf bewegt sich hin und her. Es ist wohl genug, denn plötzlich wird sie schneller, schiebt ihren plumpen Körper über den Dünenabhang, rastet wieder. Sie ist wirklich kein Landwesen. Hilflos wirkt die Riesin auf dem Sand. Es wäre ein leichtes, sie auf den Rücken zu drehen. Jetzt rafft sie sich wieder auf, paddelt durch den Sand auf die Brandung zu. Als die ersten Wellen ihren Panzer umspülen, hält sie noch einmal inne, der mächtige Körper erzittert, taucht ein, ist in der Brandung verschwunden. Mathilda schwimmt wieder hinaus, in den weiten schwarzen Ozean.

Wir schauen ihr nach, wünschen ihr Glück und viele Nachkommen. Lange sitzen wir noch im Sand und blicken auf das Meer und in den Himmel, danken Mathilda, dem Urwesen aus der Tiefe.

Wenn die Sonne am Rand dieser unendlichen Weite aufgeht, dann ist es, als würde die Welt neu erschaffen. Jeden Morgen klettern wir zum alten Leuchtturm hinauf, um den Tag zu begrüßen. Wir haben unseren Traum gefunden, bleiben in unserem Paradies voller Vögel und Schildkröten, erschöpft von der Hitze und den Geschichten am Wegrand. Erschöpft auch von unserer Wanderung, vom Walkabout. Aber dieses Land läßt uns keine Ruhe. Draußen auf dem Ozean hat sich ein tropischer Wirbelsturm aufgebaut. Eine Wolkenwand steht am westlichen Horizont, doch sie bewegt sich kaum. Die Küstenbewohner sind über Radio und Fernsehen gewarnt werden.

Hier leben die Menschen mit den Wirbelstürmen, die im Sommer immer häufiger mit ungeheurer Gewalt heranrasen, Häuser dem Erdboden gleichmachen, das Land unter Wasser setzen und es oft wochenlang von der Außenwelt abschneiden. Hin und wieder werfen wir einen Blick auf die grauschwarze Wand im Westen. Die Sonnenuntergänge sind dramatischer geworden. Aber der Wirbelsturm ist noch weit.

»Vielleicht zieht er nach Norden, vielleicht nach Süden«, sagt der Pächter des Campingplatzes hoffnungsvoll.

»Und was tun Sie, wenn er kommt?« frage ich.

Er zuckt die Achseln.

»Was soll ich schon tun? Gegen tropische Wirbelstürme kann man nichts tun. Ich werde meine Wohnwagen vertäuen, die Fensterläden schließen und beten!«

Er bietet uns einen Job an: 50 Dollar die Woche und freies Logis in einem Wohnwagen mit Klimaanlage. Als Gegenleistung verlangt er nur, daß wir den Platz sauberhalten, uns um Duschen, Küche und Waschmaschinen kümmern. Nie habe er Glück gehabt mit seinen Aushilfskräften, immer seien sie unzuverlässig gewesen und schon nach ein, zwei Wochen wieder verschwunden.

Wir könnten von 50 Dollar in der Woche leben. Die Vorstellung erscheint uns verlockend. Wir könnten das Flugzeug vergessen und den Lärm der Städte.

Doch wir halten ihn hin, zahlen unsere Platzmiete, streifen durch die Mangrovenwäldchen an der Küste. Mangroven sind eigenartige Bäume. Sie ducken sich vor der Sonne am Rand des Ozeans, trinken salziges Wasser, klammern sich mit tausend Wurzeln und verschlungenen Ästen fest aneinander. So trotzen sie den Wirbelstürmen, den haushohen Brechern, die sich immer wieder auf sie stürzen. Ein Teil ihrer Wurzeln sproßt nach oben, frech aus dem Sand heraus, wie

Spargel. Unzählige Vögel finden hier Schutz und Nahrung. Wenn sich das Wasser bei Ebbe beruhigt und in den flachen Buchten durchsichtig wird, können wir sehen, daß dies keine Welt für Menschen ist. Es ist eine Seeigelwelt, eine Stachelwelt, eine Rochenwelt.

Im Land stoßen wir wieder auf seltsame Berge mit Tierköpfen, versteinerte Ahnen aus der Traumzeit. Knallrote Wüstenerbsen blühen auf dem verbrannten Boden, riesige Echsen sitzen auf Felsbrocken, Urzeitskulpturen. Wir ruhen uns von den Menschen aus.

Draußen vor der Küste aber zelebrieren alte, weise Aborigines Rituale, um den Geistern der Toten den Frieden zu bringen. Sie fahren mit Schiffen zu den Inseln Bernier und Dorre hinaus. Still gehen sie an Land, entzünden Feuer und stimmen alte Gesänge an. Sie erfüllen eine traurige Aufgabe, sind Wegbereiter für Aborigines, die es sich zur Aufgabe gemacht haben, die alten Begräbnisstätten zu schützen.

Zu Beginn des 20. Jahrhunderts wurden die Inseln als Isolierstationen für geschlechtskranke Ureinwohner genutzt. Elf Jahre lang. Frauen wurden in Ketten auf die Insel Dorre gebracht, Männer nach Bernier. Die sogenannten Krankenhäuser waren Gefängnisse, Medikamente wurden zwangsweise verabreicht. Die Krankheiten aber stammten von den Weißen, die sich die Frauen der Aborigines genommen hatten. Wie viele Menschen auf den Inseln starben, ist ungewiß, registriert wurden 180, aber die Dunkelziffer ist hoch. Erst 1986 wurden die Inseln offiziell als Begräbnisstätten der Ureinwohner anerkannt. Und erst jetzt beginnen Historiker damit, die Nachkommen der Opfer zu befragen. Diese Fragen sind es, die das Land wieder lebendig machen, die den Menschen Kraft geben. Fragen bedeuten Anteilnahme, bedeuten, daß die Vergangenheit lebendig wird, wie die Traumzeit, daß Leid umgewandelt werden kann in Leben.

Vielleicht bleiben wir in unserem Paradies am Rande des Indischen Ozeans, fragen weiter nach den Träumen und den Schatten der Vergangenheit.

Unsere Kultur ist wie ein großer Vogel
wurde vor Äonen von Jahren im Dunst
der Schöpferzeit geboren, kam mit den
Winden des Himmels auf diesen Planeten
seine Augen sind die Sterne
seine Federn sind golden wie die Sonne
seine Beine sind große Bäume in den Wäldern
seine Krallen sind wie Felsen
fest in die Erde gepflanzt
sein Atem sind die Wolken
die sich in Regen verwandeln
und wenn er singt
ist es der Gesang des Lebens.[17]

HYLLUS MARIS

Ein halbes Jahr später traf Paul die junge Frau aus Wittenoom wieder. Nachts, auf dem Parkplatz eines Roadhouses bei Newman.

»Beinahe hätte ich sie nicht erkannt«, erzählt er mir. »Sie hatte sich die Haare abgeschnitten, sah aus wie ein Junge und war wieder mit dem Fahrrad unterwegs. Sie berichtete merkwürdige Dinge: Sie sei auf dem Weg zum Zahnarzt in Newman, um sich vier Backenzähne ziehen zu lassen. Angeblich hatte sie im Busch eine Begegnung mit Außerirdischen, die ihr Mikrochips in die Zähne eingepflanzt haben. Und nun glaubt sie, sie kann diesem Einfluß nur entgehen, wenn sie sich die Zähne ziehen läßt.«

»Und was hast du dazu gesagt?« frage ich.

»Ich habe ihr eine Cola spendiert. Was sollte ich schon dazu sagen? Vielleicht wird sie verrückt. Vielleicht hat sie wirklich Außerirdische gesehen. Vielleicht hat dieser Derek sie verhext. Da draußen im Busch gibt es viele Möglichkeiten. Da sind Mächte am Werk, die wir nicht kennen.«

Ich bin verblüfft, Paul so etwas sagen zu hören. Ihn, der spirituellen Kräften gegenüber immer etwas skeptisch war. Er lächelt.

»Ich habe viel gelernt auf dieser Reise«, sagt er. »Ich sehe mein Land und die Aborigines jetzt mit anderen Augen.«

»Und wie siehst du sie?« frage ich.

»Laß es mich andersherum ausdrücken«, antwortet er. »Früher habe ich die Aborigines und das Land mit weißen Augen gesehen, ich hatte jede Menge Vorurteile, wie alle anderen. Als ich noch ein kleiner Junge war und in einem Vorort von Perth lebte, habe ich mit den Kindern von Aborigines gespielt und war bei ihnen zu Hause. Es war wunderbar. Einmal habe ich mich sogar mit Schuhcreme schwarz angeschmiert, weil ich aussehen wollte wie sie. Meine Mutter hat mich dafür verhauen. Später wurde alles ganz anders. Mit vierzehn wurde ich von Abos auf der Straße zusammengeschlagen, einfach nur, weil ich ein weißer Junge war. Ich hatte damals noch keine Ahnung von Rassenhaß und all dem Zeug.« Paul lächelt unsicher. »Jetzt sind meine Augen vielleicht ein wenig schwarz geworden und rot vom Staub. Ich glaube, daß wir von den alten Abos eine Menge lernen können und daß sie Dinge wissen, die uns schon lange verlorengegangen sind. Ich glaube auch, daß die Weißen dieses Land zerstören werden, wenn sie nichts von den Abos lernen.«

In den Felsen nördlich der Stadt Broome ist der Fußabdruck eines Stegosaurus gestohlen worden. Unbekannte haben ihn aus dem Gestein geschnitten. Der Fußabdruck dieses Urtieres, 130 Millionen Jahre alt, ist nicht nur irgendein Fossil. Er war Teil einer heiligen Stätte der Rubibi, lag inmitten vieler Zeremonienplätze, an denen die Rubibi ihre Lieder singen, Initiationsriten abhalten und der spirituellen Ahnen gedenken. Von dem Fußabdruck wußten nur wenige Menschen – die Rubibi und einige Paläontologen und Anthropologen. Bei allen, den Rubibi wie den Wissenschaftlern, hat dieser Diebstahl Entsetzen hervorgerufen. Die spirituellen Wächter der Rubibi haben eine ernste Warnung ausgesprochen: Die Diebe werden von den Geistern der Ahnen bestraft werden, aber auch die Aborigine-Gemeinschaft ist in Gefahr.

Einer der Wächter der heiligen Plätze, Joseph Roe, sagt: »Es kann passieren, daß die Diebe sehr krank werden, und auch ich kann sehr krank werden, dieser Frevel kann auf alle Robibi zurückfallen.«

Die Wissenschaftler befürchten, daß die Robibi ihnen in Zukunft den Zutritt zu den Fundorten der Fußabdrücke verwehren. Ihr Vertrauen ist zutiefst erschüttert. Dabei hat es fünf Jahre gedauert, bis sie es geschafft hatten, dieses Vertrauen aufzubauen.

Patrick Sullivan, ein Anthropologe der Australian National University, erklärt, daß von vielen heiligen Stätten der Aborigine-Mythologie eine Gefahr ausgehe, wenn sie entweiht würden. Das sei jedenfalls die Überzeugung der Ureinwohner.

»Das hat weniger mit den Geistern zu tun«, meint er. »Es hängt eher mit den Zeremonien und Ritualen zusammen, die seit Jahrtausenden dort abgehalten werden. Da hat sich eine bestimmte Kraft aufgebaut, und wenn die gestört wird, kann das nicht nur den Verursacher der Störung, sondern auch die Gemeinschaft der Aborigines treffen.«

Mir fällt Hanks Warnung an Jenny ein: »Laß die Steine liegen, Jenny!« Und noch etwas – eine Zeitungsmeldung, die ich vor ein oder zwei Jahren in Deutschland gelesen habe. Touristen, die sich vom Ayers Rock, dem heiligen Berg der Aborigines, Steine als Andenken mitgenommen hatten, schicken sie inzwischen reihenweise zurück. Seit sich diese Steine in ihrem Besitz befinden, so schreiben sie, seien sie krank oder würden vom Unglück verfolgt.

Aborigines, die über spirituelles Wissen verfügen, bitten den Geist des Ortes um Erlaubnis, bevor sie irgend etwas an sich nehmen – einen Stein, ein Stück Holz, einen hohlen Ast. Ich frage mich, wen Hamersley Iron um Erlaubnis gebeten hat, ehe man anfing, ganze Berge wegzusprengen.

Doch noch immer haben die neuen Einwohner Australiens wenig dazugelernt. Anfang 1997 erteilte die westaustralische Regierung eine offizielle Genehmigung für 500 Probebohrungen und Gesteinsuntersuchungen in Nationalparks und Naturschutzgebieten. Kaum eines der Gebiete, die wir besucht haben, ist davon ausgenommen – nur unser Paradies, der Ningaloo Marine Park.

Außerdem hat die liberal-konservative Regierung von Premierminister John Howard die Gelder für Aborigines drastisch gekürzt. Er kommt damit dem sozialen Neid der australischen Unterschicht entgegen. »Wenn ein Abo einen neuen Landrover will, braucht er nur zum Sozialamt zu gehen und einen beantragen!« heißt es bei den kleinen Leuten in Australien. Eine Fischhändlerin aus Melbourne hat sich zur Wortführerin der Unzufriedenen aufgeschwungen, predigt Haß auf Aborigines und Asiaten, ist dabei, eine eigene Partei zu gründen. Für sie ist in diesem großen Land nur Platz für echte Australier – allerdings übersieht sie dabei, daß die echten Australier ausschließlich Aborigines sind, alle anderen sind Fremde, sie selbst eingeschlossen.

Die Ureinwohner selbst werden inzwischen weltweit als Besonderheit vermarktet, sind »in« bei Verlegern, Kunsthändlern, sogar in der Musikszene. Erst vor rund fünfundzwanzig Jahren fingen Aborigines an, Bilder auf Leinwand, Pappkarton und dergleichen zu malen. Mit Ausnahme der Felsmalereien war ihre Kunst bis dahin flüchtig, wie die Sandbilder der Buddhisten. Sie malten ihre spirituellen Zeichen auf die Erde, Wind und Regen verwischten die Kunstwerke nach kurzer Zeit.

Inzwischen aber hängen die Werke von Aborigine-Künstlern sogar im Museum of Modern Art in New York, sind der Stolz australischer Kunsthallen und stellen die Bilder weißer Maler häufig weit in den Schatten. Der Malstil der Ureinwohner ist unverwechselbar und völlig abstrakt – aus Tausenden von Pünktchen wachsen riesige Werke zusammen, in den wunderbaren Farben des Landes, Dunkelrot, Ocker, Schwarz, Blau. Punkte verdichten sich zu Wirbeln, geheimnisvollen Zeichen, als hätten die Maler einen Teil der Milchstraße auf die Erde geholt. Irgendwo im Bild kann man Schlangen erahnen, Fische, Fußspuren, Feuerstellen. Es sind Bilder, die auch Landkarten sein können, Hinweise auf die Pfade zu den Wasserstellen, den Honigameisen oder den Buschbohnen. Jedes Volk darf nur sein Land malen, Frauen dürfen nicht in das spirituelle Wissen der Männer eindringen und Männer nicht in das der Frauen.

Manche Bilder werden von vielen Künstlern gemeinsam gemalt, sie sitzen um die riesige Leinwand herum auf dem Boden, lachen und unterhalten sich, während sie arbeiten, Punkt für Punkt setzen. Natürlich malen viele Aborigines heute für die Touristen, auch kleine Bilder, Souvenirs für fünfzig oder hundert Dollar. Touristenkitsch. Die Motive werden auch auf Stoff gedruckt, man kann sie an die Wand hängen oder als Sets für den Eßtisch verwenden. Es gibt sogar seidene Krawatten mit Aborigine-Mustern, T-Shirts und

Baumwollhemden. Hergestellt werden sie von Weißen, die erkannt haben, daß sich die Aborigines heutzutage hervorragend vermarkten lassen. Boomerangs, die berühmten Wurfhölzer, werden als Massenware hergestellt und in allen Kaufhäusern angeboten. Sogar Didgeridoos, die spirituellen Blashörner aus hohlen Ästen, werden für die Touristen in Massen produziert. Die Ureinwohner sind nicht glücklich über diese Entwicklung. Ihre Motive sind ihnen heilig, sie fühlen sich von den Souvenirherstellern bestohlen – wieder einmal. Die erfolgreiche Kunst der Aborigines verleitet sogar weiße Künstler dazu, sich zu verstellen; so entpuppte sich zum Beispiel der hochgelobte Aborigine-Künstler Eddie Burrop als die westaustralische Malerin Elizabeth Durack.

Auch die Literatur der Ureinwohner dringt in den letzten Jahren immer mehr ins Bewußtsein, Autoren wie Archie Weller, Hyllus Maris, Bahumir Wongar, Sally Morgan, Mudrooroo Narogin, Kath Walker, Jack Davis und Kevin Gilbert genießen in Australien einiges Ansehen und finden international Beachtung. In der Stadt Broome gibt es inzwischen nicht nur einen Aborigine-Buchverlag, sondern auch ein Musikstudio, in dem Aborigine-Musiker ihre CDs aufnehmen.

Die »Ethno-Welle« hat die Geschichte der Ureinwohner Australiens auch nach Europa und in die USA geschwemmt, und sie treibt absurde Blüten. Ein australischer Taxifahrer hat unter dem Pseudonym Wanda Koolmatrie einem Verlag die Geschichte einer Ureinwohnerin untergejubelt. 1996 erhielt sein Roman *My Own Sweet Time* den Preis für das beste Erstlingswerk einer Frau. Inzwischen hat der Verlag das Werk aus dem Handel gezogen. Der Taxifahrer erklärte, er habe diesen Schwindel begangen, weil sein Buch sonst nie eine Chance gehabt hätte.

Über all diesem Rummel droht die eigentliche Botschaft der

Aborigines, die möglicherweise direkte Nachfahren unserer Ureltern sind, in Vergessenheit zu geraten: Wir sollen gut für die Erde sorgen, sie nicht zerstören und sinnlos ausbeuten. Wir sollen ihre Schönheit bewahren, alle Formen des Lebens achten, wir sollen Himmel und Erde vereinen, Vergangenheit, Gegenwart und Zukunft. Wir sollen den Gesetzen der Natur folgen und nicht der Natur unsere Gesetze aufzwingen. Es ist eine einfache Botschaft, und doch scheint sie für die modernen Menschen zu kompliziert zu sein.

Paul und ich brauchten fast drei Monate für unseren Walkabout durch Westaustralien. Wir waren auf der Suche nach dem Land und den Menschen, haben nach den Träumen geforscht, den Träumen der Schwarzen und der Weißen. Wir erlebten die Härte des australischen Sommers, die Zerstörung der Natur durch die Menschen und gleichzeitig die unzerstörbare Schönheit und Kraft des Landes. Als wir nach Perth zurückkehrten, waren wir erschöpft und auf merkwürdige Weise beinahe demütig. Die Stadt mit ihrem Lärm, den vielen geschäftigen Menschen, Autos, Büros hat uns erschreckt. Zu lange hatten wir in einer anderen Welt gelebt, einer leiseren, in der man andere Geräusche hören kann – den Flügelschlag einer Fledermaus, das Knistern von Baumrinde, die sich in der Hitze ausdehnt.

In Perth aber erlebten wir noch einmal die Gewalt des Kontinents, als in den Bergen ein riesiges Buschfeuer ausbrach. Eines Nachmittags zog eine schwarze Wolkenwand von Norden über die Stadt und verdunkelte den blauen Himmel. Brandgeruch breitete sich aus, die Menschen blickten scheu und ängstlich zu den Bergen hinüber. Es brannte die ganze Nacht. Früh am nächsten Morgen fuhren Paul und ich in das Katastrophengebiet. Wir fanden dicke, graue Asche vor, qualmende Baumstrünke, verkohlte Wälder und zerstörte kleine Farmhäuser. Ein paar Gänse hatten sich auf einen Teich gerettet, verschreckte Ziegen suchten nach grünen Inseln. Feuerwehrleute bekämpften die letzten Brandherde, richteten umgestürzte Strommasten auf. Einer von ihnen war in der Nacht zuvor ums Leben gekommen.

Auch der berühmte King's Park mitten in der Stadt war während unserer Reise fast ganz niedergebrannt. Doch hier regte sich bereits wieder Leben unter der Asche. Die vergilbten Eukalyptusbäume begannen winzige Blätter zu treiben, die schwarzen Stämme der Graspalmen bekamen hellgrüne Spitzen. Diese kleinen Anzeichen neuen Lebens machten uns glücklich. Wir dachten dabei an das Land und an die schwarzen Bewohner. Viele Feuer sind über sie hinweggegangen, aber sie sind noch da – das Land, die Menschen und die Träume.

»Ich habe Queenie alles über den Busch beigebracht. Nach einem großen Regen gingen wir immer raus. Der Regen oben im Norden ist manchmal so kräftig, daß es weh tut, wenn er einen trifft. So regnet es da in der Regenzeit. Einen Tag ist es wie in der Wüste, und am nächsten Tag ist alles grün. Grün und gold, wunderschön, wirklich. Ich habe Queenie oft mit in den Busch genommen, und dann haben wir zugeschaut, wie ein kleiner Samen zu treiben angefangen hat. ›Schau mal‹, sagte ich, ›wie der wächst!‹
Bis wir fertig waren mit Zuschauen, war der Trieb einen Zentimeter lang.«[18]

SALLY MORGAN

Bibliographische Angaben

1 Quentin Beresford, Paul Omaji, *Rites of Passage. Aboriginal Youth, Crime and Justice*, Fremantle Arts Center Press, Fremantle 1996

2 Peter Carey, »Let's take it easy«, *Geo* 12, 1993

3 Archie Weller, »A Pension Day«, in: *Going Home*, Allen & Unwin Pty Ltd, Sydney 1992

4 »The West Magazine«, Beilage des *West Australian*, Oktober 1996

5 »Der seltsame Kontinent«, in: *Wie das Känguruh seinen Schwanz bekam*, hrsg. v. Herbert Boltz, Fischer, Frankfurt a. M. 1982

6 »Bolong die Regenbogenschlange«, in: *Wie das Känguruh seinen Schwanz bekam*, a.a.O.

7 Douglas Lockwood, *I the Aboriginal*, Seal Book, Sydney 1962

8 Margaret Morgan, *A Drop in A Bucket*, Mission Publications, Murundoo PTY Ltd, Fremantle 1991

9 ebenda

10 *The West Australian*, 16. Mai 1995

11 Pat Dodson, *Aboriginals. A Statement of Concern*, Australian Catholic Bishop Conference, 1978

12 Kevin Gilbert, *People are Legends*, University of Queensland Press, 1978

13 Klaus Podak, »Karl Löwith, ein glaubensloser Mensch«, in: *Süddeutsche Zeitung*, 11./12. Januar 1997

14 Kevin Gilbert, *People are Legends*, a.a.O.

15 »Der unsichtbare Gefährte«, in *Wie das Känguruh seinen Schwanz bekam*, a.a.O.

16 Bahumir Wongar, *Der Schoß*, Lamuv Verlag, Bornheim-Merten 1982

17 Hyllus Maris, Sonia Borg, *Women of the Sun*, Currency Press, Sydney

18 Sally Morgan, *Ich hörte den Vogel rufen*, Orlanda Frauenverlag, Berlin 1992

Einige der Aborigine-Zitate stammen aus Flugblättern, wurden sozusagen am Wegrand aufgelesen und haben deshalb keine genaueren Quellenangaben.